本书由
中央高校建设世界一流大学（学科）
和特色发展引导专项资金
资助

中南财经政法大学"双一流"建设文库

创｜新｜治｜理｜系｜列

中小企业劳动用工规范与管理

蒋文莉 著

中国财经出版传媒集团
中国财政经济出版社

图书在版编目（CIP）数据

中小企业劳动用工规范与管理／蒋文莉著．—北京：中国财政经济出版社，2019.12

（中南财经政法大学"双一流"建设文库．创新治理系列）

ISBN 978-7-5095-9396-7

Ⅰ.①中… Ⅱ.①蒋… Ⅲ.①中小企业－用工制度－研究－中国　Ⅳ.①F279.243

中国版本图书馆 CIP 数据核字（2019）第 246452 号

责任编辑：潘　飞　　　　　　　责任校对：徐艳丽
封面设计：陈宇琰

中小企业劳动用工规范与管理

ZHONGXIAO QIYE LAODONG YONGGONG GUIFAN YU GUANLI

中国财政经济出版社 出版

URL：http://www.cfeph.cn

E-mail：cfeph@cfemg.cn

（版权所有　翻印必究）

社址：北京市海淀区阜成路甲28号　邮政编码：100142
营销中心电话：010-88191537
北京财经印刷厂印装　各地新华书店经销
787×1092毫米　16开　12印张　200 000字
2019年12月第1版　2019年12月北京第1次印刷
定价：54.00元
ISBN 978-7-5095-9396-7
（图书出现印装问题，本社负责调换）
本社质量投诉电话：010-88190744
打击盗版举报热线：010-88191661　QQ：2242791300

总 序

"中南财经政法大学'双一流'建设文库"是中南财经政法大学组织出版的系列学术丛书,是学校"双一流"建设的特色项目和重要学术成果的展现。

中南财经政法大学源起于1948年以邓小平为第一书记的中共中央中原局在挺进中原、解放全中国的革命烽烟中创建的中原大学。1953年,以中原大学财经学院、政法学院为基础,荟萃中南地区多所高等院校的财经、政法系科与学术精英,成立中南财经学院和中南政法学院。之后学校历经湖北大学、湖北财经专科学校、湖北财经学院、复建中南政法学院、中南财经大学的发展时期。2000年5月26日,同根同源的中南财经大学与中南政法学院合并组建"中南财经政法大学",成为一所财经、政法"强强联合"的人文社科类高校。2005年,学校入选国家"211工程"重点建设高校;2011年,学校入选国家"985工程优势学科创新平台"项目重点建设高校;2017年,学校入选世界一流大学和一流学科(简称"双一流")建设高校。70年来,中南财经政法大学与新中国同呼吸、共命运,奋勇投身于中华民族从自强独立走向民主富强的复兴征程,参与缔造了新中国高等财经、政法教育从创立到繁荣的学科历史。

"板凳要坐十年冷,文章不写一句空",作为一所传承红色基因的人文社科大学,中南财经政法大学将范文澜和潘梓年等前贤们坚守的马克思主义革命学风和严谨务实的学术品格内化为学术文化基因。学校继承优良学术传统,深入推进师德师风建设,改革完善人才引育机制,营造风清气正的学术氛围,为人才辈出提供良好的学术环境。入选"双一流"建设高校,是党和国家对学校70年办学历史、办学成就和办学特色的充分认可。"中南大"人不忘初心,牢记使命,以立德树人为根本,以"中国特色、世界一流"为核心,坚持内涵发展,"双一流"建设取得显著进步:学科体系不断健全,人才体系初步成型,师资队伍不断壮大,研究水平和创新能力不断提高,现代大学治理体系不断完善,国际交流合作优化升级，综合实力和核心竞争力显著提升，为在2048年建校百年时，实现主干学科跻身世界一流学科行列的发展愿景打下了坚实根基。

"当代中国正经历着我国历史上最为广泛而深刻的社会变革，也正在进行着人类历史上最为宏大而独特的实践创新"，"这是一个需要理论而且一定能够产生理论的时代，这是一个需要思想而且一定能够产生思想的时代"[①]。坚持和发展中国特色社会主义，统筹推进"五位一体"总体布局和协调推进"四个全面"战略布局，实现"两个一百年"奋斗目标、实现中华民族伟大复兴的中国梦，需要构建中国特色哲学社会科学体系。市场经济就是法治经济，法学和经济学是哲学社会科学的重要支撑学科，是新时代构建中国特色哲学社会科学体系的着力点、着重点。法学与经济学交叉融合成为哲学社会科学创新发展的重要动力，也为塑造中国学术自主性提供了重大机遇。学校坚持财经政法融通的办学定位和学科学术发展战略，"双一流"建设以来，以"法与经济学科群"为引领，以构建中国特色法学和经济学学科、学术、话语体系为己任，立足新时代中国特色社会主义伟大实践，发掘中国传统经济思想、法律文化智慧，提炼中国经济发展与法治实践经验，推动马克思主义法学和经济学中国化、现代化、国际化，产出了一批高质量的研究成果，"中南财经政法大学'双一流'建设文库"即为其中部分学术成果的展现。

文库首批遴选、出版二百余册专著，以区域发展、长江经济带、"一带一路"、创新治理、中国经济发展、贸易冲突、全球治理、数字经济、文化传承、生态文明等十个主题系列呈现，通过问题导向、概念共享，探寻中华文明生生不息的内在复杂性与合理性，阐释新时代中国经济、法治成就与自信，展望人类命运共同体构建过程中所呈现的新生态体系，为解决全球经济、法治问题提供创新性思路和方案，进一步促进财经政法融合发展、范式更新。本文库的著者有德高望重的学科开拓者、奠基人，有风华正茂的学术带头人和领军人物，亦有崭露头角的青年一代，老中青学者秉持家国情怀，述学立论、建言献策，彰显"中南大"经世济民的学术底蕴和薪火相传的人才体系。放眼未来、走向世界，我们以习近平新时代中国特色社会主义思想为指导，砥砺前行，凝心聚

---

① 习近平：《在哲学社会科学工作座谈会上的讲话》，2016年5月17日。

力推进"双一流"加快建设、特色建设、高质量建设,开创"中南学派",以中国理论、中国实践引领法学和经济学研究的国际前沿,为世界经济发展、法治建设做出卓越贡献。为此,我们将积极回应社会发展出现的新问题、新趋势,不断推出新的主题系列,以增强文库的开放性和丰富性。

"中南财经政法大学'双一流'建设文库"的出版工作是一个系统工程,它的推进得到相关学院和出版单位的鼎力支持,学者们精益求精、数易其稿,付出极大辛劳。在此,我们向所有作者以及参与编纂工作的同志们致以诚挚的谢意!

因时间所囿,不妥之处还恳请广大读者和同行包涵、指正!

中南财经政法大学校长

目　录

第1章	**了解企业与员工之间的关系**	**1**
1.1	水能载舟，亦能覆舟	1
1.2	企业与员工之间权利与义务的关系	6
1.3	保护企业与员工的法律武器	11
1.4	中小企业与员工相处的秘诀	16
第2章	**劳动用工管理的规范常识**	**20**
2.1	工欲善其事必先利其器：用工规范透视	20
2.2	无规矩不成方圆：3种工时制	24
2.3	自由时间的意义：5种休息休假规定	27
2.4	工资福利面面观：劳动报酬的指导标准及其种类	31
2.5	未雨绸缪：经济补偿金的规定及其计算	35
2.6	少即是多：5种劳动用工管理制度	38
第3章	**做好人力资源规划**	**44**
3.1	预则立，不预则废	44
3.2	行远自迩，登高自卑	49
3.3	锦囊妙计，双管齐下	51
3.4	因时制宜，行之有效	59
第4章	**伯乐相马，获得人才的诀窍**	**64**
4.1	多管齐下：选择适合的招聘渠道	64
4.2	人员筛选与测试	70
4.3	知人善任：人员的配置	78

4.4 评估与审核：我们找到对的 Ta 了吗　　80

第 5 章　培训是提升员工素质与能力的重要方法　　84
5.1 如何搭建培训体系　　84
5.2 如何制订培训计划　　87
5.3 如何构建课程设计　　91
5.4 如何评估培训效果　　96

第 6 章　绩效管理是激励员工的有效手段　　99
6.1 如何搭建有效的绩效管理框架　　99
6.2 如何设定绩效考核指标　　105
6.3 绩效管理的实施过程　　109

第 7 章　莫让薪酬成"心愁"　　120
7.1 薪酬的奥秘　　120
7.2 薪酬调查的几种方法　　122
7.3 如何做好薪酬方案　　127
7.4 薪酬与激励　　132
7.5 不同类型员工的薪酬激励　　137

第 8 章　企业需要被文化包围　　142
8.1 走近企业文化　　142
8.2 从员工满意到员工敬业　　145
8.3 做最佳雇主　　149
8.4 如何建设企业文化　　152
8.5 企业文化如何落地　　156

第 9 章　控制用工风险，营造和谐的劳动氛围　　160
9.1 劳动关系建立时如何防范用工风险　　160

9.2 劳动合同履行时如何防范用工风险　165

9.3 劳动合同终止和解除时如何防范用工风险　170

9.4 如何处理劳动争议　174

参考文献　178

第 1 章　了解企业与员工之间的关系

员工是企业最宝贵的资源，能让企业在激烈的竞争中脱颖而出，员工强则企业兴。但是，企业兴亡，员工有责。俗话说，"皮之不存，毛将焉附"，员工只有把自己的价值和企业绑定在一起，才能实现自己的价值。企业的发展有赖于员工的付出与投入，员工的进步与成长离不开企业提供的资源和平台，企业与员工共进步、共发展，将实现共赢。

1.1　水能载舟，亦能覆舟

"水可载舟，亦可覆舟"，表示任何事物如果合理用之就会受益，反之则会有害。

1986 年，湖南省常德市人吴志剑开办了政华贸易公司（以下简称"政华"）[①]，也就是 20 世纪 90 年代在商场叱咤风云的政华集团前身。政华集团抓住了时代的机遇，一路走来都非常顺利，所涉足的领域包括商业、金融、科技、贸易、房地产、交通、食品等，实现了集团多元化发展。1995 年，巅峰时期的政华，下属 100 多家公司，资产 28 亿元，真是风光无限。

然而，这一切俱往矣。巅峰过后，开始走下坡路，最后没落。可能现在说到政华集团，知道的人已经寥寥无几了。20 世纪八九十年代的吴志剑敢想、敢做、敢闯，也是他能够成功的原因之一。然而，在企业用人方面则是问题多多。与其说，企业管理不善造就了政华的没落，不如说，用人不当造成了政华的衰亡。

[①] 案例参考原深圳政华集团总裁吴志剑事迹，详见 http://www.chinanews.com/cj/2012/10-12/4243058.shtml。

政华集团的重要岗位一般都是以吴志剑的个人偏好而安排的，任人唯亲、教条、随意、缺乏激励。许多优质的项目就毁在吴志剑重用的这批人手里，导致下属的很多公司一下子都成了空壳公司。

彭某从加拿大留学归来，吴志剑委以重任，出任政华工业总公司董事长。彭某认为深圳的消费需要日益增加，提出了"法国蜗牛"食品项目。在国外，法国菜是五星级酒店中西餐的必备品，其中就有一道名菜是以蜗牛为主体的。所以，彭某想进行蜗牛养殖，不管是当年还是二十年后的今天，蜗牛养殖在中国还是比较稀少的。令人意外的是，没有进行任何市场调研，吴志剑就批准了这个项目，并花费巨资引进了所谓的"法国蜗牛"，在政华工业城成立养殖基地。而这位彭董事长居然很快忘记了这个项目，当他有一次回深圳想起这个项目的时候，就想过去视察。结果进入养殖基地居然没有看见一只蜗牛，这才急忙询问负责人，负责人无奈并且无辜地说："这蜗牛太娇贵了，空调需要二十四小时开着，我们就想让蜗牛适应一下中国的环境，就把空调关了，可是空调才关了一个多小时蜗牛就都死了，不过我们也没让它们白死，全部当螺蛳肉煮着吃了，真不愧是法国的蜗牛，太好吃了。"

彭董事长听完后非常生气，大叫："你们这群没文化的东西，蜗牛死了就死了，但是法国蜗牛是这种吃法吗？"彭某并不是为蜗牛养殖的失败生气，而是因为蜗牛的错误吃法生气。可想而知，如果都是这样的人作为政华集团的重要管理人员，那么政华集团走向败亡就是必然。

这位彭董事长究竟是何许人物呢？他就是吴志剑的亲弟弟（吴志剑随母亲姓）。政华集团的董事长彭信理就是吴志剑的父亲。

政华集团内部的人才结构也是非常不合理：法务部和金融部地位极高，因为法务部帮助公司赢了很多项目的法律诉讼，金融部帮助公司获得大量的资金。吴志剑希望能够依靠金融的漏洞来合法地获得企业的快速发展，但是，这一思想就像定时炸弹，为政华的灭亡埋下伏笔。

金融部的员工能有大把的钞票花，以请银行职员吃喝玩乐或者送礼为由申请费用，自己也能够中饱私囊。集团上下都认为融资可以为公司带来钱，经营管理已经不重要了，因此，全公司上上下下都在搞融资。在这样的风气下，政华的"输血功能"不断强大，而"造血功能"已然衰弱，政华病入膏肓。

不得不说，吴志剑确实是一个非常要面子的人，即便公司已经危亡，仍然给员工极好的待遇。政华员工的收入包括：职位工资、绩效工资、总裁红包、年终奖等。每位员工每月的绩效奖金比职位工资高很多，很多员工感觉钱就像纸一样，根本不需要努力工作。另外，还有豪华的员工宿舍、丰盛的工作餐，表面上幸福极了。

在这样的管理机制下，不可能培养出优秀的干部为公司所用，子公司不断地亏损让政华公司瞬间瓦解。如果说政华的辉煌是一种时代的偶然，那么，"政华之死"就是一种必然了。吴志剑"拍脑袋"的决策行为，在瞬息万变的商场，是极其不合理的行为。

办好一个企业，需要一个强有力的领导班子；而毁掉一个企业，只需要那么几个人就可以了。政华公司员工的待遇并非不好，政华公司也有许多非常优质的项目，可是管理层无德无能，领导无方，一个企业就这样搞砸了。可见，用人对企业的兴衰有着至关重要的作用。用错了人，企业这叶"舟"也只能说翻就翻了；用对了人，可能会是截然不同的局面。

微软公司（以下简称"微软"）的创始人比尔·盖茨是一位善用人才的高手，他认为，仅仅将人才收罗于旗下是不够的，还必须要充分利用。善用人才不仅仅是要能识别其长处，更重要的是要大胆地使用，让人才能够充分发挥自己的价值。

1981年底，微软公司已经控制了PC级操作系统的销售市场，比尔·盖茨于是决定进军应用软件领域，以期不仅能够开发出软件，还能够实现零售营销。微软公司软件设计的人才有一箩筐，但是市场营销人才却非常缺乏。盖茨先生并没有放弃，到处寻找，最后找到了肥皂大王尼多格拉公司的副总裁罗德兰·汉森。

盖茨先生的幕僚们对此非常担忧，说道："汉森先生虽然是个营销专家，但是他对软件方面可是一窍不通呀。"盖茨先生并没有在意，仍然果断地把汉森挖过来，并委以营销副总裁这一职位。汉森对市场营销具有丰富的知识和经验，他一上任做的最重要的一件事情就是给微软公司这群软件高手们上了一堂"统一商标"的课。接下来，由汉森主要负责公司的广告、公关、产品服务以及产品的宣传与营销。在汉森的帮助之下，微软公司开始将所有的微软产品都冠以"微软"为统一商标。这样，微软公司的不同类型产品，都打出了"微软"品牌，而这个品牌在美国、欧洲声名远播，现在已经成为全世界家喻户晓的名牌了。

微软的软件精英们谁承想到这个软件的门外汉居然能利用统一品牌的举措

从而扩大产品在市场上的销路呢？市场销路的不断拓展，又让盖茨先生有了新的烦恼。因为随着市场的日益扩大，特别是海外市场的开发，微软公司的经营规模已经上升到了一个新的台阶，公司第一任总裁吉姆斯·汤恩先生年岁已高，渐渐跟不上微软的发展步伐了。好在汤恩先生也在这个时候主动提出辞掉总裁的职务。盖茨先生又开始寻找总裁这一职位最合适的人选，终于煞费苦心地找到了坦迪电脑公司的副总裁谢利。盖茨直接对谢利说："到我这里来吧。"

"我能干什么呢？"谢利问道。

盖茨先生肯定地回答道："总裁。"

谢利顺利加盟微软。谢利上任后开始对微软进行大刀阔斧的改革，特别是人事方面。他把鲍莫尔提拔为负责市场业务方面的副总裁，更换了行政后勤物品的供应商，日常费用一下子削减了20%。谢利领导下的微软在许多方面一下子硬气起来了。

1983年，为了抢在可视公司之前开发出具有图形界面功能的软件，占领应用软件市场，微软公司开发了"视窗"项目，并宣布将在1984年年底交货。可谁料到，1984年都已经过去了一大半了，"视窗"软件还是没有开发出来，以致有一些新闻媒体把"泡泡软件"的头衔赠予了"视窗"。在不知道怎么办的时候，谢利经过一番调查和思考后发现，虽然"视窗"项目确实存在着一些技术难题，但是，"视窗"项目在组织与管理方面的混乱才是其进展久滞不前的症结所在。

谢利先生又一次果断地进行了整顿，更换了"视窗"项目的产品经理，把程序设计高手康森调入研究小组，负责图形界面的具体设计；而盖茨先生则亲自集中精力考虑"视窗"的总体框架和发展方向。谢利的这一高招简直就是立竿见影，一下子切中了要害，"视窗"项目各项工作自此开始有条不紊地运作，之后以最快的速度在年底推出了"视窗1.0版"，随后是"视窗3.0版"。不得不说，盖茨先生能够大胆引进人才，并且用人不疑，放心地让人才施展拳脚，是微软成功的主要因素之一。在微软走向正规化公司发展的道路上，汉森和谢利功不可没。

另外，在企业发展的道路上，人才各有所长，全面发展的人才几乎没有，即便有也未必能专精各个专业。我们要拿着显微镜去寻找员工的优点，而不是用放大镜去刻意观察员工的缺点。

卡尔森①出生在一个公务员家庭，1968年从斯德哥尔摩经济学院毕业后，就进入温雷索尔旅游公司做市场调研工作。3年后，北欧航联收购了温雷索尔旅游公司。卡尔森非常爱表现，总是爱出风头，甚至夸夸其谈，一些同事对他颇不满意。尽管如此，卡尔森在这家旅游公司先后担任了市场调研部主任和公司总经济师，由于经营有道，温雷索尔旅游公司到1978年已经发展成为瑞典非常不错的旅游公司。

在这个时候，瑞典航空出现了财务危机，已经无力偿还债务。北欧航联随即任命卡尔森为该公司总经理。卡尔森上任后处事果断，而且善于观察，找到公司危机的根本问题所在，即瑞典国内民航公司的收费机制不合理，早晚高峰时期的票价和其他空闲时间的票价是一样的，当务之急就是进行票价机制改革。卡尔森将空闲时间飞机的票价降了一半以上，以优惠的价格来吸引去瑞典湖区和山区的滑雪者和登山野营者。改变机制后，效果非常好，乘客们纷纷在机场外面扎起帐篷等候空座。在卡尔森的领导之下，只用了一年的时间，瑞典航空就扭亏为盈了，并且还获得了非常可观的利润。

1980年，整个北欧航联都面临着危机，此时，董事长便想到了卡尔森。北欧航联任命卡尔森为总公司总经理，主管民航事务。同样，卡尔森根据实际情况，进行了大幅度的改革。主要措施包括：权力下放；翻新飞机、加宽飞机走道、让高价订票的商业旅客享受VIP待遇；把企业分成各种不同规模的利润包干中心。恰恰是这些改革措施，使得北欧航联在大多数航空公司都亏损的情况下，做到了不但没有亏损而且还有颇丰的利润。很多同事并不喜欢言语浮夸的卡尔森，但是，不得不佩服他的工作能力，因为每次卡尔森都能给他们带来利益，总经理的职位自然也就非卡尔森莫属。

俗话说："金无足赤，人无完人"，每个人都有自己的长处和短处，企业用对了员工的长处，那么事半功倍，而用人的关键在于扬长避短。可见，用人对企业的兴衰有着至关重要的作用，用对了人，并且会用人，企业这叶"舟"就能够扬帆远航。

---

① 案例参考前北欧航空公司CEO詹·卡尔森生平事迹，详见詹·卡尔森，韩卉．《关键时刻MOT（珍藏版）》[J]．当代电力文化，2013（6）：106。

1.2　企业与员工之间权利与义务的关系

不管企业与员工之间的权利和义务是什么，关键是要和谐，因为两者是利益共同体。企业要让员工积极为公司工作，员工要让公司为自己加薪升职。

在现代企业中，员工有权利享受的薪资福利待遇是公司应尽的义务；员工遵守规章制度，积极为企业创造效益，则是员工应尽的义务。想必，每个公司的员工手册当中写得非常清楚了。企业应尽的义务包括：（1）严格按照劳动合同法签订劳动合同；（2）不得无故克扣工资，合理地提供薪资福利以及社会保险待遇；（3）合理的假期待遇；（4）公平的晋升空间；（5）劳动安全保障。员工应尽的义务包括：（1）遵守国家法律法规，遵守公司规章制度；（2）积极努力学习，提高工作效率；（3）保守公司机密，维护公司形象；（4）发扬团队精神，增强公司凝聚力。

要做到这些，说简单也简单，说难也很难。员工抱怨公司不公平、待遇差、领导没水平；而公司则批评员工能力不行、效率太低、绩效不达标等。有什么方法可以解决这个矛盾呢？其实，只需要企业爱护员工，员工热爱企业，这个难题就迎刃而解了。

弗拉克·康赛汀是世界上第三大罐头食品公司——美国国家罐头食品有限公司的总裁。他领导公司的秘诀之一就是："要让员工为企业自豪，为工作自豪，这比给他们更多的报酬要好很多，只有满足感才能让员工有归属感。"因为这个理念，想进入这家食品公司工作的人趋之若鹜。比如，公司在俄克拉荷马城的分工厂需要招聘100名工人，当招聘信息发布之后，居然能收到2000多份工作申请。在这里工作的人没有任何约束，他们可以在工厂内组织野餐，甚至在工作期间还可以听到让人舒心的音乐，简直美妙极了。

再比如，在亚利桑那州的费尼克斯工厂，搭建了一个露天马戏场，让员工们在工作之余还能开心地玩耍。这不仅没有影响员工业绩，反而起到了意想不到的效果。从马戏场开建的那天起，94名工人的日生产量达到了100万个罐头的目标。马戏场成为员工娱乐休闲的场所，带给他们无限的欢乐。3年后，工人们竟然将日生产量提高到了近200万个罐头。此外，公司还确立了心脏保健计划,有 600 多名受过训练的员工负责心脏病紧急救护,他们成功挽救了两名工友的宝贵生命。

美国国家罐头食品有限公司无疑在为员工创造一个工作的天堂。公司的不断发展,令大家都非常高兴,尤其是康赛汀先生,但是他又有点儿遗憾,因为他几乎没有时间同每个人进行交谈,这意味着他不能亲自激励员工了。他把管理人员召集起来,对他们说:"你们的工作就是要把所有员工放在适合于他们的岗位上,如果把合适的人放在合适的岗位上,那么他们心里应该非常满足,如果把不合适的人放在不合适的岗位上,这样的满足感就不会有的。"这时,有管理人员提出:"平时我们工作很忙,没有太多的时间去考虑员工的想法。"

"那你们就错了,其实我们在关注他人这件事上并不需要花费很多时间,但是,随着员工的忠诚度和信心逐渐地增加,回报自然会越来越多。你们的职责之一就是在和员工打交道的时候要以人为本,发挥人性的优点,"康赛汀时常跟下属说,"也许我们的公司并不能成为同行中最大的,但是,我们只须一如既往地对待我们的员工、我们的顾客以及供应商,那便足够了。"

美国国家罐头公司这种以人为本的管理理念作为公司的核心价值观得以一直传承下去。康赛汀先生的继任者罗伯特·斯图尔特每年都会去各个工厂探访,并和每个员工交谈。公司值班人员经常深夜还能看到斯图尔特先生,他是来和那些上夜班的员工进行交谈的。

企业不仅属于经营者,也属于每一位员工。让员工在工作的时候感受到家的温暖,何求没有好的业绩呢。

1936 年,24 岁的戴维·帕卡德和比尔·休利特一起创立了休利特—帕卡德公司,即惠普公司①。到 20 世纪 40 年代末,惠普公司资产已经近千万美元,成为硅谷中的一家明星企业。1959 年,正当惠普公司在帕卡德领导下蒸蒸日上的时候,他注意到公司员工的热情似乎并不是那么高,这是什么原因呢?帕卡德有点儿迷惑不解。

公司 1957 年上市,之后一段时间其在股票市场的股价节节攀升,成为华尔街的宠儿,员工在这样的公司工作还会有啥怨言吗?当帕卡德委婉地询问公司一名监测人员时,这位员工这样回答道:"的确,我在这样的大公司工作感到非常的自豪,工资也在上升。但是,老板还是老板,员工还是员工,我们作为员

---

① 案例参考美国惠普公司创立编年史。

工并不是企业的主人。"

听了这一番话，帕卡德不禁陷入了沉思。他想，应该让大家都成为公司的主人，这样工作起来才会更加齐心协力，才能一门心思把公司搞好。经过一番深思熟虑，帕卡德做出了一个惊人的决定。在第二天公司主持的记者招待会上他就正式宣布，公司将推行员工持股计划，这样能够调动员工的积极性，把公司发展的巨大利益也分配到辛勤工作的员工身上。帕卡德把公司股票分阶段，按照工作时间长短分给员工，员工作为公司的主人，立即面貌一新，惠普公司的销售、生产等各方面都呈现出一片新的气象。

弗洛伊德曾经说："精神健康的人，总是努力工作及爱人，只要能做到这两件事，其他的事就没有什么困难。"随着年轻一代成为职场的主力军，传统的"胡萝卜+大棒"的管理方式可能已经显得过时了，对年轻人谈权利和义务之类的训条可能激发不起他们的兴趣。提升员工身心健康水平、帮助企业创造健康的职场环境似乎是一个不错的选择。EAP 项目就孕育而生了。

EAP 项目又称员工援助项目，关注的是员工心理问题对企业的影响，应用心理学的方法和技术去落实企业文化，引导员工对企业绩效感兴趣。EAP 可以帮助员工解决工作和生活中的困扰，并且提升积极的心理资本，是提炼、打造、凝聚企业文化的重要手段。

中国移动通信集团贵州有限公司（以下简称"贵州移动"）从 2011 年开始就实施 EAP 项目，创建了以"传播正能量、强化正体验、培养正情绪、树立正行为"为核心内涵的"自信文化"体系。下面，分享一下关于贵州移动"关爱小屋"的暖心故事。[①]

社会发展节奏快，工作压力大，人们时常感到沮丧和无助，也许之后的情况会变得更加糟糕。贵州移动的办公大楼里，有这样一个奇妙有趣的房间。当你感到压力很大时，可以来这里坐一坐，这里有松软的椅子，有舒心的音乐，还有让人发泄的沙包袋，很多尝试过的人都说这样的方式可以有效地缓解和释放压力。在工作或生活中遇到了复杂的问题，可以在这里和心理咨询工作者聊聊天，获得专业的心理帮助。这样一个舒心而又人性化的小屋，你是否也心之向往呢？

引导员工也是企业爱护员工的重要表现，让员工和企业拥有共同的目标。

[①] 案例引用贵州移动公司"关爱小屋"EAP 项目，详见 http://www.gog.cn/zonghe/system/2014/12/22/013991128.shtml。

AC贸易集团下属的 M 分公司在很长时间内，无论派谁去担任经理，都不能改变其落后的面貌，于是被总经理定性为患了"无可救药的顽疾"。分管 M 分公司的刘总经理决定改变这一现状。经过三个月时间的调研后，刘总召开了全体员工大会，在会上提出了"三年销售额翻番"的奋斗目标，并当众承诺：若能完成这一目标，就把这个地处偏远地区、交通十分不便的分公司迁移到市中心去。

这一目标确实非常让人激动，分公司慢慢发生了惊人的变化：员工出勤率大大提高，有一次，员工们为了改变公司现在的颓势，连续几天都开会讨论到深夜，会议的气氛十分活跃。就这样，只过了一个多月，公司的销售额就开始显著地增加。接着就是见证奇迹的时刻了，M 分公司居然只用了两年就完成了三年的奋斗目标，员工们如愿以偿地搬到了市中心地段的办公地点。搬迁以后，全体员工举办了庆祝晚会，大家开怀畅饮。酒到浓时，M 分公司资深的市场部经理说道："过去，在新经理上任前，我们大家都因为以前惨淡的业绩感到羞愧，也并不是不想改变这种局面，都希望能够换个新的环境，改变一下这里沉闷的气氛。可是按照惯例，M 分公司年年亏损，我们即便提出了搬迁计划，总公司根本就不会批准。大家都感到非常的迷茫，没什么干劲。而刘总经理提出的奋斗目标说到大伙的心坎上去了，于是，大家一鼓作气，通过公司与员工的共同努力，实现了多年的期待。"

员工热爱企业，并不是喊喊口号，而是要有实际行动，有付出就有回报，付出与回报成正比。

1861 年，美国内战马上要开始了，美国总统林肯还没有找到一名合适的联邦军队指挥官。[①] 林肯先后任用了四名总指挥官，但没有一个人能够百分之一百地执行总统的命令——向敌人进攻，打败他们。最后，只有格兰特完成了这个"艰难的任务"。从一名西点军校的毕业生，再到一名总指挥官，格兰特的升迁之路特别顺利。在战争中，那些总是能完成任务的人最终会被发现、被任命、被委以重任。因为战场是检验一个士兵、一个将军到底能不能完成任务的最佳场所。

当格兰特将军赢得了南北战争的胜利，由此翻开了美国历史的新篇章，很多人开始寻找格兰特制胜的法宝，但都没有实质性的发现。后来，格兰特做了

---

① 参考美国军事家及前总统尤里西斯·辛普森·格兰特生平事迹，详见其本人作品《格兰特回忆录》。

美国总统,有一次,他到西点军校视察,一名学生问格兰特:"总统先生,请问是西点的什么精神促使您勇往直前的?"

"不找任何借口",格兰特回答道。

"不找任何借口"是西点军校奉行的最重要的行为准则,他强调每一位学员必须想尽办法去完成任何一项任务,而不是为了没有完成任务去寻找任何借口,哪怕是看似合理的借口。其目的就是要让每一位学员适应压力,培养他们不达目的决不罢休的精神。

美国赛文事务机器公司董事长保罗·查来普说过:"如果有谁做错了事而不敢承担责任,那我就会开除他。因为这样做的人,显然对公司也没有足够的兴趣,也说明这个人缺乏责任心,根本不够资格成为我们公司的一员。"

在企业中,每一位员工在工作的时候,都不应该找任何借口,任何找借口的员工都是不认真的员工。员工不认真就谈不上对企业的热爱,经常抱怨和埋怨公司也就不稀奇了。俗话说,"无规矩不成方圆",企业没有制度是不行的,而员工遵守公司制度是自己职业素质的体现,也是员工热爱企业的重要表现。

英特尔公司的总裁葛洛夫从早期的企业文化中领悟出,在公司应当提倡纪律的重要性,并一向认为纪律是促使英特尔成功的一大关键。[①] 在英特尔创立初期,葛洛夫就认为制造部门必须加强管理,重视清洁,才能有效率地生产。后来,他将这种纪律带到企业中其他的部门,要求所有办公桌、档案柜都要整整齐齐,才能体现公司的"纪律之美"。他的道理非常简单,公司就像一部大机器,各部门都必须按部就班地作业,无论是制造、销售、行政或者财务部门,都必须遵守公司的纪律和规章制度,公司这个大机器才能高效地运转,业绩才能提高。基于此项纪律,英特尔公司还制定了"清洁大使"的检查制度,资深经理担任巡视官,对各办公区域进行检查和考核。如果有人的评分不理想,就得马上进行清理,在下周获得较高的分数才能将这次低分清除。英特尔公司的很多员工都认为,遵守纪律是公司取得成功的重要因素。他们遵守同样的纪律,努力的方向一致,这样一流的团队成功也是必然的。

"不找借口也好","遵守纪律"也罢,要持久坚持,必须把工作当成一件快乐的事情。正如诺贝尔物理学奖获得者弗兰克所说:"人所需要的不是快乐本身,而是快乐的理由。"工作就是制造快乐的源泉,持有这样一种态度的员工,

---

① 参考美国英特尔公司前 CEO 安迪·葛洛夫事迹。

必定是热爱企业的好员工。保持一种健康积极的心态很重要。如果对一份工作无论如何都提不起任何兴趣，那么应该趁早换工作。如果对每份工作都没有兴趣，那么你永远都不可能成为一名热爱企业的好员工。

陆文在大学里学习的是中文专业，现在所从事的工作也与文字有关。他每天都要处理大量的文件和资料，其中有许多操作性的工作每天不断地重复。在操作之前，陆文先泡上一杯茶，用五分钟时间静气凝神，以达到"虚境"的状态，然后集中精力来处理这部分工作。完成这些以后，他开始思如泉涌、充满热情地继续那部分自认为可以充分发挥创造力和显露个性特色的工作，从中找到自信和满足感，同时也喜欢看到上司审阅他文件时那种赞赏的眼光。我们常常认为只要按时上班，完成上司交代的工作任务就可以了，就可以心安理得地去领取所谓的工资了。可是，很多的人都是死气沉沉、拖拖拉拉、不能很好地完成工作任务。我们应该用一种新的眼光来看待工作，从中找到兴奋点，点燃工作的激情，获得工作的快乐。总之，企业与员工之间保持和谐关系的法宝就是：企业爱护员工，员工热爱企业。

1.3　保护企业与员工的法律武器

每个企业的现状都不一样，每个员工面临的事情也不同。不是所有的企业都会去爱护员工，也不是所有员工都热爱企业。企业与员工之间也会发生大大小小的摩擦。企业和员工都需要维护自己的切身利益。

小李是刚毕业的大学生，作为职场新人进入一家中小型民营企业。但是，入职后才发现，其实这是一家传统的制造企业，公司管理非常混乱。和小李一起进入公司的大学毕业生大概有 50 人，其中，好多都是名校研究生。入职不到 3 个月，公司发生了巨大的变动。工厂的厂房有一半都退租了，很多工程部同事被迫去生产线做普工，否则只能走人。每个部门都接到了裁员的指令，结果和小李一起刚入职的校招生被辞退了一半多，理由是不能胜任岗位工作，考核不合格，并且没有任何补偿。小李很清楚，因为公司遇到经营上的困难需要裁员，他可以理解公司的这种困难，但是，却不能认同公司裁员的这种方式，因为这对刚进入职场的他十分不公平。他求助于我，问我怎么维护他的正当权益。我跟他说："如果与公司协商解决不了，那你就勇敢地拿起法律的武器吧。"

刘某某是一家网络公司的软件开发工程师，与公司签订了期限为2年的劳动合同。刘某某在技术方面表现非常优异，为了一个合作项目，公司决定出资10万元送刘某某出国接受3个月的专业技能培训，并与刘某某签订了3年的服务期协议，即在专业技能培训技后必须在公司至少服务3年，否则就要承担违约责任。培训回来后的刘某某有点飘飘然了，便要求公司必须给自己晋级加薪，提供两室一厅的单身宿舍，结果并没有与公司达成一致，刘某某愤然提出解除劳动合同。根据协议，公司并不同意其劳动合同提前解除，不久，刘某某便不告而别，跳槽到另外一家动漫设计公司，并与之签订了劳动合同。这家网络公司的老板非常郁闷，自己苦心栽培的员工上演了这么一出戏。同样，这种情况也只能使用法律的武器来维护公司的正当权益了，随即，网络公司人力资源部门向劳动争议仲裁委员会提交了仲裁申请。

下面是一些与用工规范相关的常用的法律武器：（1）劳动法；（2）劳动合同法；（3）劳动派遣行政许可实施办法；（4）合同法；（5）职工带薪年休假条例；（6）最低工资规定；（7）关于企业实行不定时工作制和综合计算工时工作制的审批办法；（8）劳动争议调解仲裁法；（9）中华人民共和国社会保险法；（10）住房公积金管理条例；（11）其他具体的规定、通知或者办法。以上法律文本均可在网络上获取。

中国自1995年颁布劳动法以来，不断地进行普法宣传，已经取得了显著的成绩。如今，大多数员工对《劳动法》和《劳动合同法》并不陌生，这些法律法规已经成为人们工作中的一部分。然而，现实生活中仍有很多鲜活的事例令人大跌眼镜。

话说联想集团（以下简称"联想"）一路走来也是披荆斩棘。经过20多年的发展，在2004年，联想遇到了一个新的转折点。由于实行"多元化"的发展道路，成本迅速增加，甚至吞噬了公司的所有利润。联想在不堪重负的情况下实行了裁员。① 柳传志认为，这次的裁员不同于一般的裁员，而是一次"战略性裁员"，裁掉的任何一个员工并不是因为工作表现不好，而是因为公司的战略发生了巨大变化。凌志军曾经说："联想的裁员几乎都是以迅雷不及掩耳之势的速

---

① 案例引用联想2004年大裁员事件，详见员工自述"公司不是家——联想员工亲历2004年联想大裁员"，http://blog.sina.com.cn/s/blog_609548310101e3r0.html。

度完成的。"

据说，2004年3月6日启动裁员行动，8日各部门就提交裁员名单，9日确定名单，10日就办好一切手续。一位员工的日记中是这样写的："被裁掉的人，领导都会肯定他过去的成绩，然后解释战略性裁员的意思，再告知支付的补偿金额，最后递交所有已经办好的材料，让员工在解除劳动关系通知书上签字，平均20分钟一个人。"被裁掉的员工事先都完全不知道任何情况，在面谈之前，所有一切离职手续公司都已经"帮忙"办妥，等到面谈的时候，员工的邮箱、员工卡、人力地图等都已经被注销。谈完以后，2个小时内必须要离开公司。就这样，联想集团在3个小时里辞退了至少600多个员工，占总员工人数的5%。

柳传志事后曾经说："多少还是有一点太心急了。有一部分被裁掉的员工和领导的决策失误是有关系的，和战略制定的失误也是有关系，这是一件非常沉痛的事，应该向被裁掉的员工说一声对不起。"

其实，不管采取什么方式裁员，必须要符合裁员的基本规定。大规模的裁员必然会加大社会的就业压力，政府必须对裁员进行严格的控制和监督。其中，《中华人民共和国劳动法》以及《企业经济性裁减人员规定》中明确规定，可以进行经济性裁员的用人单位，必须是濒临破产、被人民法院宣告进入法定整顿期间或生产经营发生严重困难、达到当地政府规定的严重困难企业标准，确须裁减人员的企业。其中，"法定整顿期间"是指依据《破产法》和《民事诉讼法》的破产程序进入的整顿期间；而"生产经营发生严重困难"，则可根据地方政府规定的困难企业标准来界定。[①]

由此可以看出，联想的裁员根本没有达到必须要裁员的标准，或者说，根本不具备裁员的资格。另外，根据《企业经济性裁减人员规定》[②]，裁减人员必须提前30日向工会或者全体职工说明情况，提出裁减人员方案，还要将裁减人员方案征求工会或者全体职工的意见，并向当地劳动行政部门报告。可见，联想的这一行动还是一种违反解除劳动合同法定程序的行为，不能说只要我支付了经济补偿金就可以让员工立马走人，必须要遵循相关的规定和程序。联想的这种做法，也会使员工对企业产生不信任感，以人为本的企业理念想必也会大

---

① 详见《中华人民共和国劳动法》第二十七条，及2014年12月31日国务院法制办对外公布的《企业裁减人员规定（征求意见稿）》相关内容。
② 详见1994年劳动部447号文件《企业经济性裁减人员规定》第四条相关内容。

打折扣。当时，也许由于员工法律意识还没有那么强烈，导致联想集团钻了漏洞。如果时至今日，这样大规模的裁员想必会闹得沸沸扬扬。

再看看我们熟悉的腾讯公司（以下简称"腾讯"）。2015 年，腾讯网络媒体事业群区域门户运营部山东片区组有 9 名员工被迫离职。① "我们就收到了要求我们离职的邮件，而我们并没有提交离职的任何手续，公司系统自动给我们启动了离职程序。"一名"被离职"的腾讯员工向记者表示。这些"被离职"的员工里面还包括处于哺乳期的女同事，所有人的合同期限均未到期。网络媒体事业群区域拓展中心的负责人收到的邮件是这样描述的："根据总部截止到 2014 年 12 月 31 日的数据统计，各位在区域拓展中心 2014 年下半年的 KPI 完成率为 0。依据考核结果，决定跟各位解除劳动关系，解除劳动合同时间为 2015 年 3 月 31 日。"

那么，是否是所有未完成 2014 年下半年 KPI 指标的员工就必须要离职？事实上，腾讯网络媒体事业群区域门户运营部共涉及 17 个省市，有近百名员工。2014 年下半年的 KPI 指标为：每人需要完成 35 万元的微信销售任务。而 17 个省市中，只有贵州省和山西省完成任务，山东等 8 个省市 KPI 完成率均为 0；事业群统计的 88 名员工中，只有 10 人完成了任务。由于媒体的曝光，腾讯方面对此进行了回应：腾讯业务均快速健康发展，空缺岗位仍然在正常招聘，不存在裁员动作和计划；一些员工收到的离职邮件是根据公司运营情况和系统性考核激励制度做出的决定，为的是保障企业内部的活动，是实行优胜劣汰的正常管理手段；"被离职"员工均得到了相应的经济赔偿；哺乳期员工遭辞退一事存在误会。貌似腾讯方面遵守了国家劳动合同法以及相关管理法规，但是，其实存在着漏洞：其一，公司规定连续两次被评为 C（不合格）的员工，符合辞退条件，但是，"被离职"员工中有的只有一次考核不合格；其二，"被离职"的员工有部分是劳动派遣员工，腾讯没有与其解除合同的权限；其三，其中涉嫌违法解除的劳动合同，应当给予相应的双倍补偿。

虽然当企业和员工之间产生矛盾时，我们可以使用法律的武器去解决问题，但是，如果我们能够使用相关法律法规去杜绝矛盾和冲突，这样才更加符合所有人的利益，企业与员工才能建立更加和谐的关系。

王芳 2013 年进入一家机械设备租赁公司工作，担任人力资源经理。王芳

---

① 案例新闻详见"腾讯 OMG 部分员工被离职"，https://m.hexun.com/news/2015-03-16/174067195.html。

发现公司与员工之间的关系并不那么融洽，冲突与矛盾不断。分管人力资源部的副总对王芳说："希望你能够从根本上解决这一问题，老板对这一现象已经非常的不满意了，如有合适的解决办法，老板一定会鼎力支持的。"于是，王芳花了2个月的时间做了摸底工作，对整个人力资源状况进行了充分的了解和诊断。掌握的内容主要包括：企业的发展现状，公司属于什么行业，与竞争对手有哪些差别，公司目前经营上存在哪些突出矛盾；人力资源的现状，公司各类人员结构是怎样的，学历状况如何，年龄层次如何，以及技术水平差异状况等；人力资源管理的现状，人力资源管理水平如何，人力资源部员工的业务水平如何等。结果发现如下问题：中层管理干部与标准差距较大；机械设备操作人员持证上岗的较少，频繁发生事故；薪资缺乏激励机制，员工对自己的薪水普遍不满意；晋升渠道不通畅，有裙带关系；一线操作人员流失严重，很多都没有与公司签订劳动合同，纠纷也比较多；公司规章制度不够完善；人力资源部员工业务水平较弱，并且吃闲饭的人员较多，流程老化，已经不能使用。

王芳针对这些问题，认真地思考解决的方案。她认为，这些问题的症结就是公司并没有完全遵守相关法律法规，没有规范、合法、具有可操作性的规章制度。为此，拟订下面的解决策略。第一步：（1）遵守劳动合同法等相关法律法规，与员工签订并履行劳动合同；（2）完善公司各项管理制度和流程，编制员工手册，特别增加任职资格管理制度来解决公司人员与要求不符等问题；（3）增加绩效工资，把绩效和收入挂钩；第二步：（1）普及相关法律法规和学习公司新的规章制度；（2）自上而下执行上述措施，做到坚决贯彻和执行。

刚开始，这些措施实施起来并不那么顺利，很多老员工都有抵触情绪。不过，由于老板的大力支持，公司上上下下还是较好地执行了上述措施。一年以后，公司的面貌发生了喜人的变化，氛围充满生气和活力，员工愿意继续留下来了，纠纷变得越来越少了，公司业绩也上升了。一位老员工对王芳说："一开始我是强烈抵制改变公司规章制度的，可现在发现新的规章制度能够更好地维护我的权益，我可以更好地展现自我，现在比以前更加有干劲了。"

劳动合同法等相关法律法规是政府层面制定的，具有强制性，具有法律的普遍适应性，属于公司外部的法律。而公司的规章制度，相对于外部法律法规来说，可以称之为公司的"内部法律"，以外部法律为前提，更好地体现企业与员工之间的权利与义务。

1.4　中小企业与员工相处的秘诀

能让企业特别是中小型企业与员工相处好的秘诀，那就是沟通，而且双方之间愿意去沟通。

松下幸之助曾经说："企业管理过去是沟通，现在是沟通，未来还是沟通。"或许，大型企业可以靠制度和流程来运营，但是，中小型企业往往制度流程不完善。或许，现在有些企业可以用解聘来威胁员工，抑或有员工拿离职来威胁企业。这些都是不明智的方法，也许短期有效，但是，任何一方心存芥蒂，日后定难修复。好比用铁棍和斧头砸一把铁锁，怎么砸也是很难撬开的。如果用钥匙，只要轻轻地转转，锁就开了。铁棍和斧头就不服气了，问："钥匙，你为什么就能那么容易地把锁打开呢，而我们费了那么大力气也没用。"钥匙说："我平时与锁沟通得多，知道他的心里想些什么。"

1217科技公司（以下简称"1217"）是一家新成立的软件公司，公司规模不大，但是发展迅速，这主要得益于公司对员工的人性化管理。为了方便工作以及员工之间的沟通，公司设置OA办公系统，每位员工都有自己专属的OA账号及邮箱，并且都是公开的。1217的员工不用顾及上下级之间的层级以及跨部门的间隙，随时随地都可以通过OA对话界面或者邮件联系到公司的任何一位同事，畅所欲言，大大提高了公司的运营效率，并且让员工感觉到舒适和民主。1217的员工认为，OA系统是提高效率的工作沟通方式，不仅可以布置任务，而且可以传递信息，更重要的是，可以通过OA系统向领导或者其他同事提出个人的想法和意见。一位员工有事想提前下班，于是就写邮件给人事经理提出建议：既然每天上班是八个小时，我们如果早晨提前半个小时上班，那么下午是不是可以提前半个小时下班呢？如果月绩效考核得优是不是可以申请假期呢？这一建议经讨论后被采纳了。

当然，并不是员工提出的所有要求，公司都会同意。比如，公司铁杆球迷小李和小张等人向人事经理提出，希望在世界杯期间，每天上班晚两个小时，因为晚上可能会熬夜看球。公司经过考虑后并没有同意这样的请求，反而建议他们去看重播。人事经理说，公司的球迷可能对这个决定不太满意，但起码表明公司与员工之间的沟通渠道是畅通的。除此之外，公司还可以通过 OA 系统给员工过生日。当一位员工过生日时，OA 系统就会发出提醒，所有员工都会向这位过生日的员工送上真挚的祝福；同时，公司也会贴心地为员工准备小礼品及生日蛋糕，令这位员工倍感温馨。由此可见，1217 的 OA 系统为公司、员工之间的沟通与交流提供了最大的便利；同时，也在很大程度上消除了员工之间的隔阂，活跃了公司的气氛，为公司聚集了人心，留住了人才。

越是小企业，沟通的方式就会更加灵活，没有那么多的层级，除了邮件沟通，还可以电话沟通或者面对面沟通。中小型企业，企业规模不大，往往员工都是围着老板转。老板如果善于沟通，往往能吸引和留住优秀的人才。

李老板是一家小型公司的老板，公司在上一年度突破了一个亿的销售额，公司上上下下都很开心。李老板除了有独到的经营策略，还是一个善于沟通、交流的人。他认为，只有和员工进行有效的沟通，互相之间深层次地理解和了解后，企业才能更有效地发挥作用。在员工看来，李老板是一个懂得倾听的人。行政经理刘娜曾经做过李老板三年的秘书。刘娜觉得秘书做久了太乏味，也没什么乐趣，经常喜欢在网上浏览一些娱乐八卦消息。有一次，被李老板看见了。但是，李老板并没有批评她，只是过来和她聊天，对她说："看这些东西，对你并没有什么好处呀。"刘娜虽然觉得不好意思，但是心里却想："反正我工作都做完了，我爱干啥就干啥。"此后，李老板一有空就找刘娜聊天，交换对一些事情的看法，同时还鼓励刘娜在空余时间多学习，不断提升自己。不知不觉中，刘娜转变了一开始的想法，觉得学习也没坏处，还可以提升自己，于是，开始利用业余时间看书和学习。后来在行政经理岗位竞聘中脱颖而出。李老板认为，有效的沟通可以让公司上下一心、团结一致，给企业创造出竞争优势和营业绩效。反之，一些老板不善于沟通，内部信息往往会非常混乱，员工缺乏士气，公司的整体面貌和绩效都会受到影响。优秀的企业管理者应该善于创造合作信任的工作氛围，经常与员工沟通和分享信息，把员工团结在自己周围，企业的凝聚力才会增强，才会吸引更多的优秀人才加入。

沟通是双向的，有些领导者认为沟通就是告知对方信息，听见对方说了什么。其实，这是一个很大的错误。沟通不仅是要倾听、真诚地听对方讲话，而且要准确把握对方讲话的意思。用别人愿意倾听的方式来沟通，用别人愿意和你沟通的方式来倾听。

位于某高新科技园的 X 无人机公司，近几年发展迅猛。其负责人赵总在经营管理中可谓是呕心沥血。回忆往事，一直有一个让他终生难忘的故事。公司在成立初期，一直在搜罗各方网络人才，杨硕就是其中的一名技术精英。一天上午，赵总在自己的办公室休息。杨硕兴冲冲跑来，把花费了一年时间辛苦设计出来的无人机图纸拿给赵总看："赵总，您看，这个无人机很棒，上市后，一定会受到顾客欢迎的……"杨硕说了半天见赵总毫无反应，还没把话说完就收起了设计图纸。此时，正在闭目养神的赵总觉得事情不对，便急忙抬起头叫了声"杨硕"，可杨硕头也没回地走出了总经理办公室。下午，赵总为了弄明白上午的事情，亲自邀请杨硕喝下午茶。而杨硕见到赵总的第一句话就是："尊敬的赵总，我已经准备离职了，并且已经买好了去北京的机票了，感谢这一年多以来对我的关照。"赵总非常诧异地问道："这是为什么呀？"杨硕见赵总这副表情，只好实话实说："北京一家无人机公司一直在挖我，希望过去作为技术合伙人，而我本是拒绝的，直到上午我改变了主意。因为您自始至终都没有认真听我讲话。我在拿出我的设计前，我认为我的设计很棒，而且如果上市顾客会非常喜欢。我为我的设计骄傲，但是，您当时却没有任何反应，而且继续闭目养神，于是我决定离开了。"后来，杨硕拿着自己的设计到了北京那家无人机公司，受到了合伙人的高度关注，他设计的新无人机上市后给 X 无人机公司造成了很大的冲击。通过这件事情，赵总认识到了认真听对方讲话的重要性，如果没有很好的态度去听员工讲话，不能照顾员工的心理感受，就可能会失去一位技术骨干，甚至是一个企业。

　　有效沟通是管理者与员工相处的秘诀，沟通到位了，不仅企业会信任员工，员工也会热爱信任企业，达到双赢。有管理学家说，正直诚信的品质、关爱员工、沟通、授权是员工信任企业的四大法宝。其实，企业的授权、关爱员工、诚信等等管理方法都是建立在沟通的基础上，没有沟通，其他都不会顺利完成。相对于大型企业，中小企业在沟通方面是有优势的。因为中小企业组织机构简单，人员结构也简单，沟通能够更加灵活，并且有效率。因此，中小企业如果可以倡导无阻碍的坦诚交流，必定会从中受益。

　　不论员工的身份地位，不论交流的任何形式，员工之间都可以自由地交换意见，不用考虑任何后果，只要坦诚自己真实的想法即可。这种畅所欲言的交流，会产生许多好主意，更容易使公司上下达成共识。1217 科技公司有固定的下午茶时间，一到时间，员工们就很喜欢聚集在宽敞的茶水间或者休息室里进行非正式谈话，一边喝着茶，一边哼着小曲，一边和同事讨论着工作问题，同事感情融洽，非常放松自在。员工作为公司一员，他们不仅有交流和倾诉的欲望，需要与同事以及自己的上级进行交流，他们更有表达自己对公司以及管理层看法的权利。沟通交流不仅使员工感受到他们参与了公司经营，还能让他们更透彻地理解公司经营策略，能够更好地激发员工在经营过程中的创造性。

如果你是公司的管理者，请倡导真诚的沟通文化。

第 2 章　劳动用工管理的规范常识

在企业中，劳动用工管理是企业的"安全阀"，健全的劳动用工管理制度可以保证企业源源不断地吸引和保留杰出的人才，而缺乏劳动用工管理常识的企业随时可能面临法律风险，在激烈的市场竞争中失去一方天地。规范劳动用工管理、建立和谐劳动关系将是实现中小企业人力资源优化配置和跨越式发展的"基石"。

2.1　工欲善其事必先利其器：用工规范透视

"工欲善其事必先利其器"出自《论语·卫灵公》，意思是工匠想要使他的工作做好，一定要先让工具锋利，比喻要做好一件事，准备工作非常重要。劳动用工管理是一个方法和操作体系，对于一位中小企业的管理者来说，如果说为了使企业管理更规范有序地运行，并更好实现组织的战略目标和经济利益是"善其事"，那么，劳动用工管理就好比这个"利其器"，完善并规范劳动用工管理就显得十分关键，几乎成了企业最为基础、最为重要的管理环节，这就是俗话讲的"磨刀不误砍柴工"。有效的劳动用工管理有利于避免劳资纠纷问题的出现，从而形成有序稳定的劳动用工关系，和自身的人力资源配置优化整合，对于双方权益也是一种保障。卓越的劳动用工管理将成为管理者管理企业的"基石"，降低企业在人力成本方面的支出，提升管理效率，并最终增加企业的实际综合效益；此外，还能提升员工的整体素质，做到人尽其才，为企业发展添砖加瓦。

在这里讲一个小故事。一位年轻的炮兵军官上任后，到下属部队视察操练情况，发现有几个部队操练时有一个共同的情况：在操练中，总有一个士兵自始至终站在大炮的炮筒下,纹丝不动。经过询问,得到的回答是:操练条例就是这样规定的。原来,条例因循的是用马拉大炮时代的规则,当时站在炮筒下的士兵的任务是拉住马的缰绳,防止大炮发射后因后坐力产生的距离偏差,减少再次瞄准的时间。现在,大炮不再需要这一角色了,但条例没有做出及时的调整,出现了不拉马的士兵。这位军官因为他的发现而受到了国防部的表彰。

现实中,劳动用工管理的滞后甚至缺失导致了劳动力的无效使用,浪费了组织的人力资源,造成了经济效益的损失,这也从侧面佐证了劳动用工管理的必要性。劳动用工管理作为全流程活动,是组织高效运作的前提。在企业中,劳动用工管理是企业的"安全阀",健全的劳动用工管理制度可以保证企业源源不断地吸引和保留杰出的人才,而缺乏劳动用工管理常识的企业随时可能面临法律风险,在激烈的市场竞争中失去一方天地。规范劳动用工管理、建立和谐的劳动关系将是实现中小企业人力资源优化配置和跨越式发展的"基石"。

劳动用工管理既然如此重要,那么,它究竟包含哪些内容呢?劳动用工管理是现代企业管理的一个分支,是企业管理中人力资源管理的重要组成部分,主要是指用人单位在劳动用工过程中的各个环节上的具体组织管理活动。作为一个系统工程,它贯穿于劳动关系中,而劳动关系的和谐以及企业的发展都离不开劳动用工的有效管理。

劳动用工管理从大的框架来看,主要包括以下几个方面:拥有高效的组织架构体系;管理制度的完善;人事方面的决策以及培训。而从其具体实践的角度来看,又主要包括劳动用工方式、招聘与培训、劳动合同管理、劳动纪律管理、岗位设置与员工匹配、员工职业发展管理、薪酬福利待遇、劳动纪律管理、劳动用工职业健康保护、劳动争议处理及劳务派遣用工管理等。

从劳动用工管理这一活动的流程先后顺序的角度来看,又可以分为用工前(前期工作)、用工中以及用工后,包括对员工进行聘用、培训、付酬、组织生产等,以实现员工与企业全面发展的目标。

从劳动用工管理实践的各个组成部分所依据的法律和规章制度角度来看,不同组成部分的依据具有差异性。

为方便理解,表2-1对劳动用工管理的内容进行了梳理和归纳。

表 2-1 劳动用工管理内容

劳动用工管理构成	相关内容	相关法律依据
招聘	招聘是企业劳动用工管理的基础，可分为内部和外部招聘	《劳动法》《劳动合同法》《妇女权益保护法》《未成年工特殊保护规定》《就业促进法》等
劳动用工方式	按合同期限划分：固定期限用工、无固定期限用工和以完成一定工作任务为期限用工。按聘用身份划分：固定用工、临时用工和非全日制用工。按工作制度划分：标准工时、不定时、综合计算工时三种	《劳动法》《劳动合同法》等
劳动纪律管理	考勤、工作行为、工作注意事项、相关的奖惩措施等	《劳动法》《劳动合同法》等
岗位设置与员工匹配	结合组织发展需求设置岗位，充分发挥员工才能，实现良好匹配	《劳动法》《劳动合同法》等
培训与员工职业发展管理	培训是对员工进行的能力提升活动，使他们有足够能力胜任工作岗位。职业发展管理包括员工的晋升通道建设、员工的职业技能培训、员工的职业生涯建设等方面	《劳动法》《劳动合同法》等
薪酬福利待遇	包括为员工提供的所有的支持的总和，如工资、奖金、保险和带薪休假福利等	《劳动法》《劳动合同法》《关于工资总额组成的规定》《社会保险法》《职工休假管理办法》《中华人民共和国个人所得税法》《职工带薪年休假条例》等
劳动用工职业健康保护	对员工进行入职和定期的健康体检和职业健康体检，保证员工身心健康；努力改善劳动用工环境	《劳动法》《职业病防治法》等
劳动争议处理	出现纠纷时，根据事实遵循"合法、公正、及时、着重调解"的原则，依法保护当事人和企业的合法利益，必要时可请工会和第三方共同与用人单位协商达成和解协议	《劳动法》《劳动合同法》《劳动争议调解仲裁法》等
劳务派遣用工管理	应按其权限，与劳务派遣单位在协商一致的基础上签订《劳务派遣合同》，明确双方权利和义务，内容应包括派遣岗位和人员数量、派遣期限、劳动报酬、社会保险费数额与支付方式以及违约责任等	《劳动法》《劳动合同法》《社会保险法》等

续表

劳动用工管理构成	相关内容	相关法律依据
劳动合同管理	根据国家法律、法规和政策的要求，运用组织、指挥、协调、实施职能对合同的订立、履行、变更和解除、终止等全过程的行为进行一系列管理工作	《劳动法》《劳动合同法》《就业促进法》等

我国现行的劳动和社会保障制度包括国家法律、行政法规、部门规章、地方性法规和地方政府规章以及司法解释，它们之间相互联系、相互作用，构成整个劳动用工管理系统，使得整个用工管理工作井然有序地运作。

明白了劳动用工管理的必要性和其内涵后，中小企业的管理者一定跃跃欲试，尝试规范己方单位的劳动用工管理。别急，记得劳动用工管理应当本着以下几个原则进行：（1）能级对应原则。即通俗意义上的人岗匹配，令一个人所具有的能级水平与所处的层次和岗位的能级要求相对应。（2）优势定位原则。包括两个方面，一是指人应根据自己的优势和岗位要求，选择最有利于发挥自身优势的岗位；二是指管理者也应据此将人安置在最有利于其发挥的岗位上。（3）激励强化原则。激发员工动机，调动人的主观能动性，强化期望行为，从而显著地提高劳动生产效率。（4）内部为主原则。注重在企业内部建立人才资源的开发机制，使用人才的激励机制。（5）目标动力原则。应将员工与企业业绩结合到一起。

劳动用工管理应紧密结合企业发展战略规划，并适时通过反馈进行修正，以保持弹性。那么，如何评价劳动用工管理的成效呢？它应尽可能达到以下几个目标：（1）规范用工过程管理，降低劳动用工成本。（2）提高企业运作效率，实现人、财、物各资源的优化组合价值。（3）激发员工劳动热情。（4）形成良好、有序、稳定的劳动用工关系，减少或避免劳资纠纷的出现。

熟读历史的人都知道，汉朝的开国皇帝汉高祖刘邦，曾讲过这样一段话："夫运筹帷幄之中，决胜千里之外，吾不如子房。镇国家，抚百姓，给馈饷而不绝粮道，吾不如萧何。连百万之军，战必胜，攻必取，吾不如韩信。此三人者皆人杰也，吾能用之，此吾所以取天下也。"其内容是说：在大帐内出谋划策，在千里以外一决胜负，我不如张良；平定国家，安抚百姓，供给军饷，不断绝运粮食的道路，我不如萧何；联合众多的士兵，攻无不克战无不胜，我不如韩信。这三个人都是天造奇才，而我善用他们，所以，我才能统一天下。如果将企业看作刘邦眼里的天下，将三位英豪看作员工，那么，合理的劳动用工管理便是这治国平天下的锦囊妙计。中小企业的管理者不应学习事必躬亲而致鞠躬尽瘁的诸葛孔明，而应善用这管理之道调动员工的工作才能与热情，使之服务于企业的发展方向。在之后的几节内容中，本书会对劳动用工管理中的部分内容及成熟做法进行简单阐述，以期为中小企业管理者在实践中灵活运用提供参考。

2.2　无规矩不成方圆：3种工时制

"无规矩不成方圆"出自《孟子·离娄上》："离娄之明，公输子之巧；不以规矩，不成方圆。"战国时，孟子说出这番话是为了让执政者在治理国家的时候，施行仁政。这句话翻译过来的意思是："即使有离娄那样非常好的视力、公输子那样好的技巧，如果不用圆规和曲尺，也不能准确地画出方形和圆形。比喻人人遵守规则，才能有良好的秩序。"治理好一家企业，如若缺乏明确的规章、制度、流程，工作中就非常容易产生混乱。其中，工时制度是劳动用工管理中的一个核心要素，合适的工作时间是员工和企业的共同追求。

"床垫文化"伴随着A公司从1988年成立一直到现在。员工每人的办公桌下都有一张床垫用于休息。午休时，席地而卧；晚上加班，整月不回宿舍，就这一张床垫，累了睡，醒了爬起来再干。

2016年5月28日晚，中山大学附属第三医院，胡某因病毒性脑炎被诊断死亡。多天的抢救仍无法挽回小胡的年轻生命，他的多个器官在过去的一个月中不断衰竭，直至生命最后一刻。小胡毕业于四川大学，毕业以后直接到A公司从事研发工作。在4月底住进医院以前，他从事一项封闭研发的工作，经常在公司加班加点，打地铺过夜。"公司十分痛心。"公司新闻发言人傅某表示，虽然过度劳累与小胡死亡不构成直接的因果关系，但确实也有相关性，公司高层已经高度重视对此事的处理，公司也重申了加班政策：晚上加班要经过批准，不准在公司打地铺过夜。

悲剧的产生，正是因为许多企业的管理者缺乏劳动用工管理的常识，缺乏规范的工时制度，想方设法节约人力资源成本，这种做法是不可取的。如果你是一名中小企业的管理者，你了解的工时制度有哪些？如何因时制宜、因地制宜地制定工时制度？其实，只须明白以下几个原则：（1）缩短劳动时间，提高劳动效率是工时制度的本质。（2）根据企业的性质和不同岗位的特征灵活选择工时制度。比如，办公室文员等适用标准工时制，商场促销员、收银员、酒店服务员、保安及生产一线操作员等适用综合计算工时制，长途司机、外勤人员、装卸工、高级管理人员、销售人员、业务员等可适用不定时工作制。（3）做好工时制度的审批、备案和公示。

不同工时制度的设立在根本上是由工作内容和岗位职责决定的。为了方便理解，表2-2总结和比较了3种工时制度的特点。

表2-2　　　　标准工时制、综合计算工时制、
不定时工作制综合比较表

种类	标准工时制	综合计算工时制	不定时工作制
性质	工作时间定工作量	工作时间定工作量	直接确定工作量
范围	一般劳动者	特定的人员	特定的人员
内容	8小时/天，40小时/周	一个周期内平均8小时/天，40小时/周	无固定时间要求
要求	不需要批准	需要劳动部门批准	需要劳动部门批准
加班	工作时间超过标准时间就是加班，休息日、法定节假日安排工作也是加班	一个周期内超过总标准工作时间就属于加班；节假日安排工作也是加班	一般不存在加班，只有法定节假日安排工作才算加班

达康公司是武汉东湖新技术开发区的一家医药互联网公司，大部分部门采用"朝九晚五"的标准工时制。产品部的李月承担了线上推广和新媒体运营等工作，公司规定每人每月有4天休假时间，但不固定为每月的哪几天。然而，一年中，李月每周末本该用来放松的闲暇时间时常被经理布置的紧急任务占用，也未收到加班费。某天，李月向经理提出因家事须请假两天，经理表示，她的工作任务未完成，无法找人交接，拒接了李月的请求。李月不得已，以公司违反法定工时制度为由，向劳动行政监察部门进行了举报。请问，该公司的工时制度违法了吗？

严格来讲，达康公司实行标准工时制，则应遵照国家法律法规关于标准工时制度的规定①，具体内容如下：（1）劳动者每日工作时间不超过8小时；

---

① 详见《中华人民共和国劳动法》第四章关于"工作时间"的规定。

(2) 平均每周工作时间不超过 40 小时；(3) 用人单位应当保证劳动者每周至少休息 1 日且在法定节假日依法安排劳动者休假；(4) 延长工作时间每日不得超过 1 小时，因特殊原因需要延长工作时间的，在保障劳动者身体健康的条件下延长工作时间每日不得超过 3 小时，每月不得超过 36 小时。超出的工作时间算入加班并支付加班费。因此，按照上述要求，达康公司要求李月周末完成紧急任务的行为，应算作加班，并须支付给李月加班费，如果公司未执行，李月有权向劳动争议仲裁委员会提起劳动仲裁。

企业作为市场经济的主体，为了生存和发展，需要员工付出辛勤的努力，这一点毋庸置疑。作为中小企业的管理者，在劳动法的规定内采用适度的、合理的竞争机制，才能凝聚员工力量，避免劳动争议。

老陈是悦达科技公司的高级业务经理，在公司已有 10 多年，负责业务及客户接待等工作，需要经常外出。早在几年前，悦达科技公司为部分岗位（包括老陈在内）申请了不定时工作制，并签订了协议书。2012 年 1 月，集团空降了总经理到悦达公司，大力整顿业务，发文要求全体人员（包括不定时的高管人员）从 2012 年 2 月起每天按时（9 点）上班，而且必须打卡考勤，否则严格按照考勤制度处罚。老陈并不在意，2012 年 3 月，老陈突然收到公司的处罚通知书，理由是老陈多次迟到甚至旷工，并明确如再旷工，将立即解除劳动合同。2012 年 4 月，老陈由于无法改变 10 多年的习惯，多次未打卡，被公司人力资源部以"多次迟到，多次旷工"为由解除劳动合同。老陈不服，遂申请劳动仲裁。

事实上，实行不定时工作制的单位，不应当要求员工登记考勤。如果一定要求员工进行考勤登记，那么，人力资源部门可以要求员工在其出勤、工作的时候登记，而不应该要求其跟普通员工一样朝九晚五地按时打卡，这样不仅违背了不定时工作制的本质，而且，这些员工白天可能没有工作任务，而晚上去工作的时候他们将可能要求加班费，这样反而对用人单位很不利。

新星电子器件公司已成立 10 年，2016 年 10 月，公司对产品线进行了改革，产品市场需求量迅速增长，且交货时间比原来提前不少，用员工的话说："咱们公司的订单已经接到手软了。"然而，原有的工时制度在庞大的工作量面前显得捉襟见肘，为了保证产品供应不受影响，公司决定，3 个月内，公司按照国家综合计算工时制度的标准，每天加班 3 小时，休息日也不休息，等到交货后，给员工放假，让大家集中休息。经过 2 个月的赶工，公司按时交货了,然后给员工集中放假一个月。但部分员工认为,公司应该支付加班费。公司却认为,已经宣布实行3个月的综合工时制度,而且也给员工放假了,不用支付加班费。

请切记:实行特殊工时制需要向劳动行政部门申请。《中华人民共和国劳动法》第三十九条规定,用人单位实行特殊工时工作制,经劳动行政部门批准,可以实行其他工作和休息办法。新星公司自行宣布实行综合计算工时工作制而未经劳动行政部门批准,实际上仍应当按照标准工时工作制计算工作和休息时间。因此,公司的人力资源部可以安排员工将休息日加班调休,支付员工工作日及法定节假日加班的加班工资。① 如果你是公司的管理者,一定要对工作时间的规定有清晰的了解。作为中小企业的管理者,可以根据企业的特点、工作内容、岗位职责执行符合本企业的工时制。

2.3 自由时间的意义: 5种休息休假规定

网易公司曾针对"公司休息休假制度"做过一次调查。70%的网友告诉记者,公司内的休息休假制度不健全,经常被迫加班;50%的网友表示,宁愿放弃更多的奖金,换取休息休假的时间;40%的网友表示,常常会因为工作压力感到焦虑和烦躁,严重者甚至有失眠等心理疾病;80%的网友希望能有更多与家人、朋友相处的时间。可见,在如今的时代背景下,越来越多的打工者和白领一族正站在加班和休息休假的十字路口,不知何去何从。

休息休假制度关系到劳动者的身心健康,是员工应该享有的权利。中小企业的管理者应该依照我国现行的法规制定休息休假制度,具体包括以下几种类型②:(1)法定节假日(全体公民放假天数为11天),具体日期可在网站上查询,在这里不过多赘述;(2)带薪年休假;(3)婚丧假;(4)探亲假;(5)病假。详见表2-3。

---

① 关于特殊工时工作制的审批流程,可参考劳动部于1994年印发的《关于企业实行不定时工作制和综合计算工时工作制的审批办法》中的相关规定。
② 详细假期标准可参考2019年7月29日发布的《法定年节假日等休假相关标准》。

表2-3　　　　　　　　　休息休假规定综合比较表

种类	年休假	病假（医疗期标准）	探亲假	婚丧假
计算标准或条件	累计工作年限	工作年限和在本单位工作年限	职工工作满1年，与配偶或父母不住在一起，又不能在公休假日团聚的	国有企业职工可以享受婚丧假，职工本人结婚或职工的直系亲属（父母、配偶和子女）死亡时
休假天数	5天：已满1年不满10年的	3个月：实际工作年限10年以下的，在本单位工作年限5年以下的	探望配偶：每年1次，假期30天	根据具体情况，由单位酌情给予婚丧假一般1—3天
休假天数	10天：已满10年不满20年的	6个月：实际工作年限10年以下的，在本单位工作年限5年以上的；实际工作年限10年以上的；在本单位工作年限5年以下的	探望父母：未婚职工每年1次，假期20天；	
休假天数	15天：已满20年的	9个月：实际工作年限十年以上的，在本单位工作年限5年以上10年以下的	探望父母：已婚职工每4年1次，假期20天	
休假天数		12个月：在本单位工作年限10年以上15年以下的		
休假天数		18个月：在本单位工作年限15年以上20年以下的		
休假天数		24个月：在本单位工作年限20年以上的		

注：上海地区医疗期比较特殊，按照劳动者在用人单位的工作年限来确定的，最多不超过24个月。

我国劳动法对休息休假制度做出了原则性规定，但是没有规定具体操作办法。[①] 因此，在执行中，一些企业与员工会因对法律解读的视角不一而引发劳动争议。

让我们来看看王健的例子。王健于2017年1月入职某公司，担任文员，每月工资4000元，入职时公司与其签订了劳动合同，并让王健签收了一份员工手册。在职期间，王健工作还算顺利，但是，某月的一天上午，他突然接到家里

---

① 详见《中华人民共和国劳动法》第四章关于"休息休假"的相关规定。

的电话,说母亲生了重病,正在住院。王健心里十分挂念,想起当初一个人来到大城市打拼,一两年才回家一次,他的心里感到很不是滋味。这天中午,王健突然在吃饭时听到产品部的李姐说,她准备在年底休假 10 天,带着家人去泰国旅游。王健暗暗盘算到,太好了,自己可以向公司要求休年假,领导肯定会同意。

下午,王健便找到人力资源部的何专员,提出了休假 6 天的请求。何勤专员笑着说道:"小王啊,你这才来公司多久啊?"王健说:"我来了 6 个月了,何老师。"何勤停顿了一下,说道:"行啊,你才来半年啊,好办,你直接回家就行,假条不用写了。"王健听了她的回复,立刻交接了手头的工作,第二天便回了一趟老家。然而,令王健没有想到的是,月底发工资的时候银行卡里的钱缩水了一半。原来,公司的《员工手册》中规定:员工未工作满一年不享有年休假。王健心里越想越郁闷,他之前在另一家公司已经工作了 5 年,难道新公司可以否定入职前的工龄吗?情急之下,他找到了劳动监察部门,希望能得到正确的答复。劳动监察部门的工作人员表示,何专员误解了法律规定,员工工作连续满 12 个月可享受带薪年休假,这种情形包括在一家用人单位或多家用人单位工作连续满 12 个月两种情况,因此,王健应当享有带薪年休假的权利。

李女士在上海市某餐饮公司担任财务,月工资标准 5000 元。工作 4 年后,李女士在家不慎摔倒骨折,需要休养半年。公司听说后,批准了李女士的病假申请,但是,按本市最低工资标准向她发放工资。李女士提出异议,公司也十分坚持,双方发生冲突,李女士一怒之下,向区劳动争议仲裁委员会提起仲裁申请,要求公司补发她病假期间的工资。开庭审理时,公司表示:李女士受伤是由于自己不慎,并非因工作原因,与公司无关。作为财务,李女士的工作不可或缺,她由于自身原因长期脱岗,而公司仍保留她的劳动关系,本身就是对她的照顾。但同时,公司必须找他人来代替李女士工作,这需要支付一定费用,由于李女士受伤的事实,公司综合考虑,决定支付她一定生活费用。该公司的做法是否违法呢?

我们发现,李女士受伤与工作无关,属于病假范畴;根据上海地区规定,她在某餐饮公司工作已满 4 年,依法应当享有 6 个月的医疗期。因此,该餐饮公司按最低工资标准发放李女士病假工资的做法显然违反法律规定,在这 6 个月内,公司应当按李女士平时工资的 80%,即每月 4000 元的标准发放病假工资。

说到这里，病假工资如何计算呢？首先，要确定两个变量：一是病假工资的计算基数，二是病假工资的计算系数。请牢记以下三个原则：

（1）劳动合同有约定的，按不低于劳动合同约定的劳动者本人所在岗位（职位）相对应的工资标准确定。集体合同（工资集体协议）确定的标准高于劳动合同约定标准的，按集体合同（工资集体协议）标准确定。

（2）劳动合同、集体合同均未约定的，可由用人单位与职工代表集体协商，协商结果应签订协议。

（3）用人单位与劳动者无任何约定的，假期工资的计算基数统一按劳动者本人所在岗位（职位）正常出勤的月工资的70%确定。此外，按以上三个原则计算的假期工资基数均不得低于本市规定的最低工资标准。

另外，病假工资计算系数各地区的标准不一，表2-4为武汉市2018年的最新标准。

表2-4　　　　　　　　武汉市病假工资标准

休假日期	计算标准	计算系数
连续休假在6个月以内的	连续工龄不满2年	按本人工资的60%计发
	连续工龄满2年不满4年	按本人工资的70%计发
	连续工龄满4年不满6年	按本人工资的80%计发
	连续工龄满6年不满8年	按本人工资的90%计发
	连续工龄满8年及以上	按本人工资的100%计发
连续休假在6个月以上的	连续工龄不满1年的	按本人工资的40%计发
	连续工龄满2年不满3年	按本人工资的50%计发
	连续工龄大于等于3年	按本人工资的60%计发

病假工资的计算基数和计算系数确定后，便可计算出病假工资的数额。病假工资 =（计算基数/21.75）× 计算系数 × 病假天数，且不能低于最低标准的80%。

俗话说："知易行难。"作为企业的管理者，制定合理的休息休假制度不但要懂法，而且要衡量利弊，在某种层次上讲，就是将以人为本的用人理念和科学发展的企业战略融会贯通。

2.4 工资福利面面观：劳动报酬的指导标准及其种类

松下电器的总裁松下幸之助曾在他的自传中《松下幸之助的用人之道》一书中写道："经营的原则自然是希望能以高薪资来激发员工的工作意愿，以此达到高效率的目的。"

如果你想让别人做任何事，唯一的方法就是满足他们的需求。美国心理学家亚伯拉罕·马斯洛提出："人类需求像阶梯一样从低到高按层次分为五种，分别是生理需求、安全需求、社交需求、尊重需求和自我实现需求。生理需要就是吃、穿、住、行等基本的需求，安全需要不仅仅体现在人身安全的保障上面，还应该包括经济安全。只有最基本的需求得到满足，才能激励人追求更高的目标。"而员工进入一家企业，最基本的诉求就是希望通过劳动换取工资，满足生活的需要，获得物质保障。企业的管理者若是明白员工的需求并能给予这些基本的条件，那么，员工就会具有积极性并对企业产生认同感。

因此，对企业管理者而言，科学的工资福利制度才是激励员工的核心。那么，中小企业如何才能制定合理的工资福利制度，满足员工的需求呢？制定工资福利时，需要了解哪些法律规定？企业的劳动报酬应包括哪些组成部分？无非是下面这些内容：（1）参考工资增长指导线调整薪酬；（2）牢记最低工资标准；（3）保障员工的福利，如社会保险、住房公积金、津补贴等。

每年，我国的各地市政府都会制定本年度工资增长指导线。而不少企业和员工都对这一规定存在误解。

小徐是湖北省荆门市某文化创意公司的策划专员，刚进公司时，公司正处于初创阶段，一个部门只有三四个人，他看到公司属于新成立的文化产业，未来3年会有很大的发展前景，所以，便一下子签了4年的劳动合同。合同中明确写着，工资分配制度根据公司经济效益决定，如果产品销路好，员工均可以获得加薪机会，具体方案须经董事会审议并通过。这几年下来，小徐凭借着自身的专业素养和良好的沟通能力把产品推广出了当地，业绩年年在考评中名列前茅，于是，他向公司提出加薪的申请，并且他满怀期待地告诉薪酬经理，每年本市的文件都规定了工资增长的比例，自己的工资是否也应该按规定涨一涨。

经理多次拒绝了小徐的请求，小徐十分不解，无奈拨通了律师朋友的电话，朋友告诉小徐，其实，工资增长指导线不具备强制效力，不能作为诉讼的依据，所以，小徐无法以此起诉公司、追究赔偿。

从小徐的故事中，我们可以发现，工资增长指导线对企业没有强制执行的要求。但它并非毫无价值，企业的管理者可以将工资增长指导线作为企业在发展生产、提高效益的基础上适度增加工资、确定工资水平的依据。例如，企业的管理者在制定工资制度时可以参考各地市工资增长指导线标准，把握好上线、下线、平均线的比例，为调薪提供方向；也可以通过开展工资集体协商制度，由工会代表建言献策，实现员工的事情有员工参与，并建立长效机制。

企业的发展需要每一位员工心往一处想，劲往一处使。员工对薪酬满意了，工作起来自然就有了干劲。另外，要牢记最低工资标准。如果你是中小企业的管理者，可曾想过普普通通的最低工资标准规定却"暗藏玄机"？

2015年，上海市的王小姐在某鞋厂当操作工。鞋厂规定，包吃包住，月工资2100元，包括个人缴纳的社会保险费和住房公积金。2016年，王小姐提出，上海市最低工资标准已调至每月2190元，她的工资也该增加了。鞋厂则认为，她的工资加上企业包食包住的费用，早就不止2190元，已经超过了最低工资标准，因而拒绝增加工资。

王小姐的要求是否合理呢？在我国，劳动者与用人单位形成或建立劳动关系后，试用、熟练、学习期间，在法定工作时间内提供了正常劳动，其所在的用人单位应当支付其不低于最低工资标准的工资。但是，下列各项不得作为最低工资组成部分①：（1）加班加点工资；（2）夜班、高温、井下、有毒有害等特殊工作环境下的津贴；（3）法定社会保险和福利待遇等。所以，该鞋厂的做法是错误的，需要按照当地最低工资标准的规定，增加王小姐的工资。

保障员工的基本福利也是非常重要的。社会保险是为丧失劳动能力、暂时失去劳动岗位或因健康原因造成损失的人口提供收入或补偿的一种社会和经济制度。社会保险的主要项目包括养老保险、医疗保险、失业保险、工伤保险、生育保险。在现代企业中，员工有权利享受的薪资福利待遇是公司应尽的义务，员工遵守规章制度、积极为企业创造效益，则是员工应尽的义务。然而，在现

---

① 详见2004年3月1日经劳动和社会保障部审核并通过施行的《最低工资规定》第十二条的相关内容。

实中，有些企业为了节约成本，在为员工缴纳社会保险时能少交则少交，能不交则不交，伤害了员工的感情。

裕元鞋厂是广东东莞最大的鞋厂，是阿迪达斯、耐克等多个世界名牌运动鞋的最大的生产基地，为全球30多家著名品牌鞋类产品公司进行代工。2014年，上千员工罢工，员工们拉起红色横幅，上面写着"还我社保，还我住房公积金"等字眼。这次停工维权缘于裕元鞋厂未足额为工人购买社保。按照东莞社保局的规定，工人的社保应包括工伤、养老、医疗、失业及生育保险，社保缴费率为：企业须缴纳员工总收入的11%，员工个人承担8%，而员工李某查了自己的社保缴费，发现工厂只帮他缴了他自己所缴的部分，但没有缴纳企业应该缴纳的那一部分。而部分工人陆续请假去社保局查询自己的社保缴费情况，纷纷发现裕元鞋厂缴交的社保额度不足，缴交的标准很混乱。最后，经劳动仲裁机构判定，该鞋厂违反法律的规定，需要补交员工的保险费用。

我国劳动法规定，企业未缴纳社会保险，一旦被有关劳动行政部门查到，用人单位就必须接受行政处罚，不仅影响企业形象、声誉，更让员工觉得企业提供的安全保障不到位，心生离意。

杰信公司是一家提供金融服务的专业公司。从创立之初，杰信一直将人才作为企业的第一财富，提出以高福利的方式激励员工的方案，提供弹性福利制度。公司根据国家规定为员工缴纳五种社会保险，此外，还提供了最高保额10万元的人身意外伤害险和企业年金。在休假方面，公司提供公休假日、婚假、产假，带薪年休假、陪产假、哺乳假等假期。公司还为员工提供免费的班车服务，节省了员工通勤的时间。经常加班的员工还可以享受夜宵、公共休闲室、健身房等福利。每月底，公司都会为这一个月过生日的员工集中举办生日派对，使员工感受到浓浓的家的氛围。

如今，在城市的生活成本越来越高，那么，企业如何留住核心人才，使员工能够快速安家立业？为此，杰信公司考虑到新员工在适应崭新的工作和环境的同时未必能马上找到合适的住所。因此，在上岗培训结束之后，公司会为新员工安排员工宿舍，限期为3个月，员工可选择入住并且不需要支付房租。另外，在住房公积金的缴纳上，根据当地政府保障职工住房基本需要的要求，公司提出提高缴费比例的方案，缴存比例超过了同类型公司，为员工将来购房、建房、修房积累下一定的资金。杰信的高福利政策虽然需要付出一定成本，但是，让员工感受到了企业的关怀，从而增强员工的归属感和认同感，提升企业的整体绩效水平，这对于构建和谐稳定的劳资关系起到了至关重要的作用。

薪酬福利关乎员工生活的保障和安全，在良好的福利设计制度下，员工才能对企业产生归属感，开辟个人的事业和前程，而且，企业可以借此提升士气，吸引人才，降低员工流动率，降低人力成本。除了五险一金外，企业的管理者还可以以现金形式发放津贴和补贴，体现企业对员工的人文关怀。

津补贴都有哪些形式，该如何发放呢？一般情况下包括[①]：（1）高温补贴。具体的发放标准和发放时长，各省的标准不一。如在高温天气下（日最高气温达到35℃以上），露天工作以及不能采取有效措施将工作场所温度降低到33℃以下的，应当向劳动者支付高温补贴。[②]（2）夜班津贴。在全国范围内并没有相关法律做出统一规定，不同地区的企业人力资源部门可以根据当地省市的劳动局、财政厅等部门出台的规定，为夜间工作的员工支付夜班补贴。（3）餐费补贴、公交补贴、通讯补贴等。各中小企业应根据自身发展情况，由人力资源部、财务部门协调配合，制定出令员工满意的管理办法。

格力集团在我国家喻户晓。格力集团一直坚持以人为本的管理理念，设计了人性化的员工福利制度。2017年8月，正值酷暑高温，空调需求呈现井喷式增长。为了给全国的消费者送去清凉，格力集团人力资源部发出通知，在现有高温补贴的基础上，给每位员工额外一次性发放1000元，统一发放至员工的工资卡，高温补贴发放的范围包括珠海总部以及各子公司全体工作时间满1个月以上的在职员工。[③] 格力集团深知，炎炎夏日，公司的每一分盈利都离不开各个分厂和部门员工的辛勤付出，只有将关心员工落到实处，才能激励员工们坚守岗位，齐心协力地决战旺季。

《道德经》里有句话说："万物之始，大道至简，衍化至繁。"而企业用人之道的核心便是以人为本，心系员工。如果你是中小企业的管理者，可以根据自身情况并结合相关法律法规，制定合理的薪酬制度并给予员工合适的福利待遇。

[①] 参考1990年1月1日国家统计局令第一号文件《关于工资总额组成的规定》的第八条的相关内容。
[②] 由于各地情况不一，可参考2012年6月29日，国家安全生产监督管理总局、卫生部、人力资源和社会保障部、中华全国总工会印发的《防暑降温措施管理办法》（安监总安健〔2012〕89号）的相关内容。
[③] 详见新闻《董明珠再撒钱：为格力全员发放1000元额外高温补贴》，https://finance.sina.com.cn/roll/2017-08-07/doc-ifyiswpt5819961.shtml。

2.5 未雨绸缪：经济补偿金的规定及其计算

明代作家朱柏庐在《治家格言》一书中写道："宜未雨而绸缪；毋临渴而掘井。"意思是天还没有下雨，要先修缮门窗，不要等到口渴再去挖井，比喻事先做好准备工作，预防不必要的事发生。对于企业而言，在员工离职时常常由于经济补偿金引发矛盾，要做到未雨绸缪，才能防止劳动争议的出现。

经济补偿金又称为离职补贴，是在劳动合同解除或终止后，用人单位依法一次性支付给劳动者经济上的补助。为了更好地发挥经济补偿金的功能，劳动合同法对经济补偿金的适用范围扩大到以下情形[①]：（1）用人单位主动提出，双方协商一致解除劳动合同的。（2）劳动者因用人单位原因被迫解除劳动合同的（如企业未按照劳动合同约定提供劳动保护或者劳动条件的；未及时足额支付劳动报酬的；未依法为劳动者缴纳社会保险费的；用人单位的规章制度违反法律、法规的规定，损害劳动者权益的）。（3）用人单位非过失性解除的（如劳动者患病或者非因工负伤，在规定的医疗期满后不能从事原工作，也不能从事由用人单位另行安排的工作的；劳动者不能胜任工作，经过培训或者调整工作岗位，仍不能胜任工作的；劳动合同订立时所依据的客观情况发生重大变化，致使劳动合同无法履行，经用人单位与劳动者协商，未能就变更劳动合同内容达成协议的）。（4）经济性裁员的。（5）劳动合同因期限届满而终止的。（6）劳动合同因用人单位主体资格丧失而终止的。（7）法律、行政法规规定的其他情形。

如果你是一名中小企业的管理者，是否充分理解上述条款的内涵？

2013年6月，某公司经理在企业裁员讨论会上说道："本公司这次裁减人员，主要是针对两类员工：第一类是由于企业结构调整造成的富余人员；第二类是各部门末位淘汰下来的、长期不能胜任工作的员工。对于这两类员工我们要分别对待，第一类员工由于没有过错，所以我们在裁减他们时，要按国家规定给予他们经济补偿金；而在裁减第二类员工时，由于他们长期不能胜任工作，公司也分别给过他们新的机会，其中一些人是经过了培训，另一些是调整过岗

[①] 参考2012年新修订的《中华人民共和国劳动合同法》第四章第四十六条关于"经济补偿"的相关规定。

位,但他们到目前为止仍不能胜任工作,对这些扶不起来的阿斗,公司也是没有办法了,这次裁减他们,公司不能再给任何经济上的补偿了。"经理的这番话得到了在场人员的支持。一周后,公司的裁员工作正式开始了。生产部的齐先生是以第二类不能胜任工作的员工身份被公司解除劳动合同的。公司在给他的书面解聘通知中还明确规定:齐先生在接到通知后必须立即办理工作交接,并在两天内离开公司。当他办完离职手续来到人事部向公司索要解除合同的经济补偿金时,人事经理这样说道:"你是属于第二类被裁员工,根据公司的规定,对于长期不能胜任工作、调整岗位后仍不能胜任工作的员工,公司是不支付经济补偿金的。"齐先生疑惑地追问:"为什么?"人事经理解释道:"对于你这种长期完不成任务的员工,公司本来早就应该请你走,一直容忍你到今天,已经仁至义尽了。公司在这种情况下与你解除劳动合同,就应该跟那些因严重违纪被解除劳动合同的员工同等对待,都不能享受经济补偿金。理由是这种情况下解除合同完全是你的过错造成的,公司没有任何责任。"

根据我国相关法律规定,人事经理的说法是否正确呢?

根据以上的叙述,我们发现,齐先生确实存在不能胜任工作的情况,且经过培训后或者调整工作岗位后,仍不能胜任,因此,人事经理代表公司与齐先生协商一致,可以解除劳动合同。但是,依照《劳动合同法》的第四十六及四十七条的标准,公司需要向齐先生支付经济补偿金。所以,案例中,人事经理的做法不但伤害了离职员工与企业的感情,而且违反了法律的规定。同时,在下列两种情况下,企业可以解除劳动合同,但不需要支付经济补偿金:(1)劳动者主动提出解除劳动合同,或者用人单位提高劳动合同工资待遇但劳动者不愿意续签的;(2)由于劳动者的过失,根据《劳动合同法》第三十九条所述,用人单位可以解除劳动合同,不支付经济补偿金。

那么,问题来了,如果你是一名中小企业的 HR,明确了何时需要支付经济补偿金,经济补偿金金额如何计算呢?看懂了表 2-5,相信你就明白了。

表 2-5　　　　　　　　　经济补偿金中的几种说法

经济补偿金中的 N[①]	按每满一年支付一个月工资的标准向劳动者支付,N 年就是支付 N 个月的工资;六个月以上不满一年的,按一年计算;不满六个月的,向劳动者支付半个月工资的经济补偿

---

① 参考 2012 年修订的《中华人民共和国劳动合同法》第四十七条规定的相关内容。

续表

经济补偿金中的 N + 1①	用人单位未选择提前三十天告诉劳动者解除劳动合同的,需要多支付一个月工资即代通知金
经济补偿金中的 2N②	当用人单位违法解除或终止劳动合同,劳动者若选择接受,不再继续工作,用人单位须支付双倍即 2N 的补偿金

老庞和老张是同事,两人当初一同加入了上海一家中小型印刷企业,工作年限均为 18 年,老庞每月工资 6000 元,老张每月工资 9000 元。后来,由于传媒行业不景气,公司濒临破产,准备裁员,领导找老庞和老张协商一致后,两人同意解除劳动合同,公司将依法支付两人劳动补偿金。可是,没过几天,领导却收到老张的反映,职位更高、贡献更大的老张得到的补偿却比老庞少了,于是,老领导找到人事部门,希望能得到满意的答复。员工关系主管告诉老领导,《劳动合同法》第四十七条规定:经济补偿按劳动者在本单位工作的年限,每满一年支付一个月工资的标准向劳动者支付。六个月以上不满一年的,按一年计算;不满六个月的,向劳动者支付半个月工资的经济补偿。但是,劳动合同法中还有一条额外的规定:劳动者月工资高于用人单位所在直辖市、设区的市级人民政府公布的本地区上年度职工月平均工资三倍的,向其支付经济补偿的标准按职工月平均工资三倍的数额支付,向其支付经济补偿的年限最高不超过十二年。而劳动合同解除时,上海的月平均工资为 2500 元,职工的月平均工资三倍为 7500 元,那么,老庞的工资收入未超过上年度职工月平均工资的三倍,老张的月工资却超出了。因此,按照《劳动合同法》,老庞的经济赔偿金为:6000 元/年 × 18 年 = 108000 元,老张的经济赔偿金为:7500 元/年 × 12 年 = 90000 元。听了员工关系主管的解释,领导恍然大悟。

随着我国社会的发展,与劳动合同相关的法律也在逐步得到完善,依法制定企业的规章制度是企业管理者的基本素质之一。因此,相信通过本节的讲解,中小企业的 HR 可以意识到经济补偿的重要性,并结合我国的相关法律制定出本企业的经济补偿办法。

---

① 参考 2012 年修订的《中华人民共和国劳动合同法》第四十条规定的相关内容。
② 参考 2012 年修订的《中华人民共和国劳动合同法》第八十七条规定的相关内容。

2.6 少即是多：5种劳动用工管理制度

在企业里，我们需要注重制度和流程。特别是人力资源部的员工，不能自以为对劳动法了解，其实只是一知半解。另外，还必须根据法律法规及公司状况制定合理的用工管理制度，制度不要求多，但要求合理合法并且实用，记住：少即是多。随着中小企业制度改革、机构重组的步伐加快，劳动用工制度正在发生着改变，劳务派遣成为常见的用工形式之一；近年来频频发生的安全事故也令管理者不得不反思劳动安全管理状况。如果你是中小企业的管理者，如何通过规范劳动用工管理制度解决上述问题呢？答案无非是以下几个方面：（1）规范劳动合同管理制度；（2）健全劳动争议管理系统；（3）明确劳务派遣的权利和义务；（4）建立职业安全卫生制度；（5）完善员工日常管理制度。

H公司是深圳一家外商投资的企业，主营业务是生产和销售电视机、笔记本电脑、数码相机等产品，由于公司发展十分迅速，在劳动合同管理上不规范，劳动争议问题大量增加。2015年，1名生产部的操作工急于离职，人力资源部通过网络平台迅速招聘、录用了小袁，规定了试用期的工资，1个月后转正，签订正式劳动合同。然而，负责此事的劳动关系专员在月末因生病请了3个月的病假。休假回来，才发现袁某一直未签劳动合同，小袁心里十分不满，要求公司支付2个月的转正工资，额外给予双倍工资的赔偿金。公司领导认为，这件事情是公司管理的疏漏，需要承担部分责任，但是员工也有责任，而公司正处于效益下滑时期，只同意支付2个月的正式工工资。小袁不服，于是找到当地的劳动仲裁委员会请求劳动争议仲裁。公司采取拖延战术，经过多次调解未果，最终判处公司支付未签劳动合同的双倍工资。一波未平，一波又起。2015年年底，厂里的工模师傅又将公司告上法庭，原因是该员工不满调薪决定，散布不良言论，公司一气之下决定与他解除劳动合同，于是引发劳动争议。统计发现，三年来，H公司的劳动争议案件逐年增长，到底是什么原因导致H公司的劳动争议案件不断增多呢？公司的相关人员透露，公司制定的规章制度存在不完善的地方，在劳动合同的签订、续订、管理、解除等方面没有详细的操作指南，流程不明确，在执行中随意性大；另外，公司在劳动合同规定上多保护高层管理者的利益，忽视底层员工的利益。

劳动合同与每一个劳动者息息相关，是每一个劳动者走上工作岗位与用人单位发生劳动关系时都必须签署的协议。劳动合同的内容包括劳动者与用人单位经过平等协商后达成的关于权利和义务事项的条款。一般劳动合同根据期限的长短可分为3种，如图2-1所示。

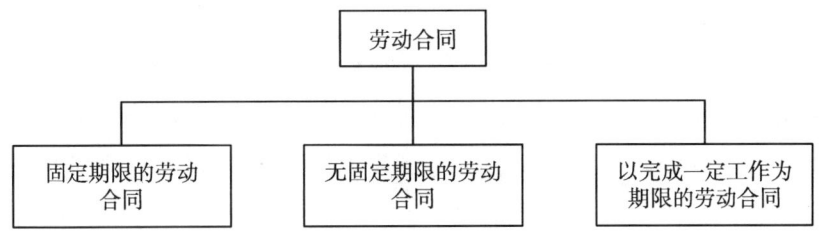

图2-1 劳动合同的分类

企业通常采用的劳动合同管理流程如图2-2所示。

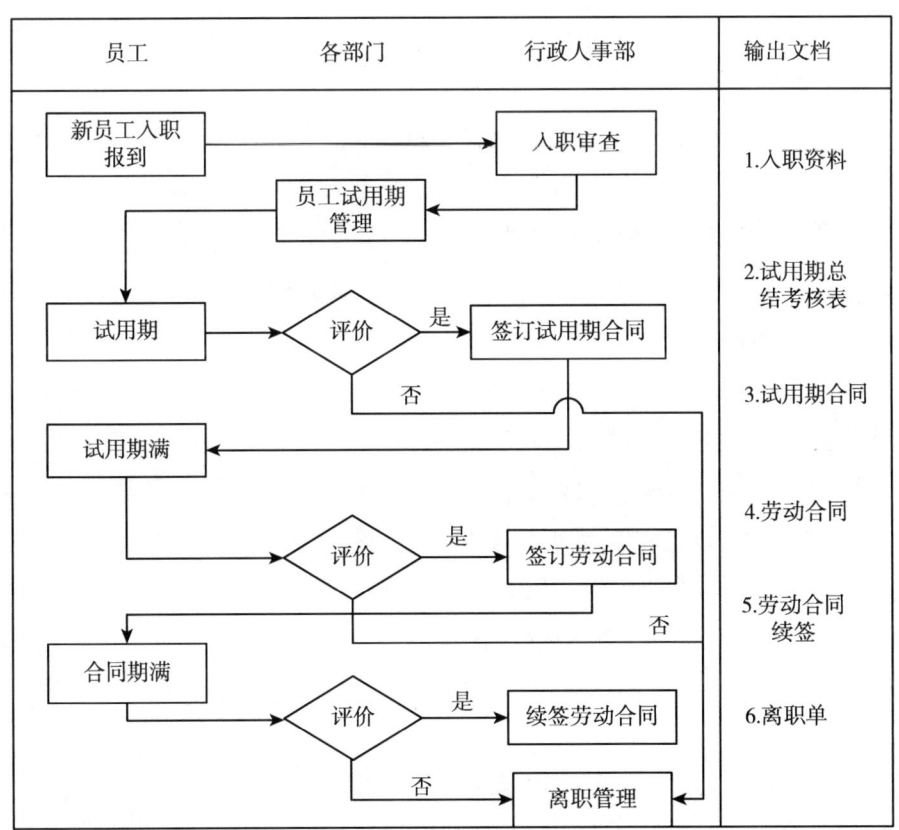

图2-2 劳动合同管理的流程

正如 H 公司一样，一些中小企业在劳动合同管理方面也存在不足：离岗职工的劳动关系没有得到理顺，劳动合同签订程序、签订内容、协商条款订立不规范等。如何规范劳动合同的管理呢？下面 5 条建议可供参考：（1）根据《劳动合同法》，建立劳动合同规章制度；（2）强化员工入职审查；（3）完善劳动合同必备条款；（4）基于流程处理劳动合同的签订、续订、修改、解除等程序；（5）健全劳动争议管理体系。

完备的劳动用工管理体系离不开劳动争议管理制度。郑州宇通集团有限公司是一家以生产客车为核心业务的大型企业。在实践中，宇通公司注重劳动争议的预防工作，不断优化各项人力资源制度，侧重维护员工的权利。公司不定期开展内部抽查工作，对于发现的损害员工权益和可能引发劳动争议的隐患，责成所在部门一把手作为第一责任人落实整改并进行复查，对于有效预防及妥善处理劳动争议的经验和做法进行推广。公司还建立了劳动争议调解委员会，由经过专门训练的劳动争议调解员完成调解工作，充分发挥人力资源部的作用，建立了劳动争议申诉机制，作为遏制劳动争议激化的第一道防线。人力资源部门在处理劳动争议时，微笑面对每一位员工，坚持公平、公正、公开的原则，拟订调解方案，及时反馈处理意见，有效地降低了劳动风险。随着公司的发展，员工队伍不断壮大，虽然人力资源和劳动争议管理的难度加大了，但是，宇通公司建立的劳动争议管理制度有效地处理了内部劳动争议，降低了公司的管理成本，稳定了员工和企业的关系，保障了企业和谐发展。

作为一名中小企业的管理者，如何学习宇通公司的经验呢？我们总结一下，并没有多么复杂，更没有必要照搬硬套，只要做好以下几个阶段的工作就够了：(1) 预防阶段：深入学习劳动法及本地法规，设计符合企业特点的预警体系。(2) 处理阶段：a) 在调解和仲裁时，扮演桥梁角色，与员工和仲裁委积极沟通，寻找折中方案；b) 如果到诉讼阶段，以积极平和的心态对待劳动争议，坚持公正原则，如实与法院沟通。(3) 总结阶段：针对企业存在的漏洞，结合企业实际和劳动法加以完善，形成常态化管理。但是，中小企业的管理者应该明白，再完美的劳动争议处理体系也无法弥补劳动争议对企业造成的"内伤"，只有提高管理者的业务能力，做好劳动争议预防，不断沟通，处理好企业和员工的关系，才能未雨绸缪，从根本上降低劳动争议发生率。本书后面章节还会详细介绍如何专业地处理劳动争议。

明确劳务派遣的权利和义务。某外资船公司想在中国聘用几名船员，但考虑到国内的一些限制性政策规定，于是决定通过劳务派遣的方式招录15名中国船员。由于对国内的相关派遣公司缺乏了解，只通过报纸和网络广告找到一家从事船员派遣的、看似实力很雄厚的某海事公司。由于航期紧迫，该外资船公司并没有对该海事公司进行细致的资格审查，双方很快签订了一份一年期限的派遣协议，录用了15名体检合格、证件齐全的中国船员，双方约定根据船员的级别每月按400—1000美元不等的标准支付给船员劳动报酬，由海事公司负责在每月5日之前打到每个船员的银行卡里。由于该船公司主营中欧航线，一个航期来回将近2个月，第一个航期即将结束，船在国内港口靠港以后，有部分船员可以申请几个小时下地活动。小王等3人获准下地2个小时，他们最关心的是自己的工资有没有如约支付到账，于是一起去自助取款机处查询。

他们一直担心的事情果然发生了，他们的银行卡里一分钱都没有。顾不上往家里打个电话报平安，他们立即回船，直接找到船长询问此事。船长也一头雾水，感觉形势不妙，就给公司打了个电话。公司称已经把这两个月的工资如数转到海事公司的账户上了，听说船员没有收到钱，立即给该海事公司打电话，结果发现是空号！通过工商行政管理部门核实根本没有注册过这么一家派遣公司。那么，作为用工单位，在签订劳务派遣协议时应注意哪些问题呢？

劳务派遣是一种组合劳动关系，形式用人单位、实际接受单位和被派遣劳动者的三重复杂关系使劳务派遣在运行中极易出现问题。在实践中，中小企业必须对劳务派遣强化管理，以保护劳动者权益，促进和谐劳动关系。那么，企业在签订劳务派遣协议时双方应注意什么问题？我认为，主要有以下几点：（1）明确规定派遣公司与劳动者签订书面劳动合同的义务，并按规定缴纳社会保险；（2）用工企业在派遣协议中应明确规定派遣公司发放工资的日期，并规定未经用工企业同意，派遣公司不得以任何名义直接扣除员工工资或者拖欠工资；（3）明确规定派遣公司承担工伤事故责任、劳动纠纷的处理等义务，避免发生纠纷时难以区分法律责任；（4）要求劳务派遣单位派遣合格的劳动者，不能接受童工；（5）双方约定派遣员工在哪些情形下可以退回劳务公司以及员工退回方式；（6）双方应当明确约定违约责任，用工企业在派遣协议中应明确。

建立职业安全卫生制度对于企业具有重要意义。员工的健康资本是企业和员工共同的财富。人力资源部门不仅需要足够的激励以开发其潜能，而且需要通过有效的措施保障工作过程中员工的身体安全和身心健康。

张海超，河南新密市刘寨镇老寨村人，2004年到B公司上班，先后从事过杂工、破碎、开压力机等工作。工作3年多后，他被多家医院诊断为患有尘肺病，但企业拒绝为其提供相关资料，在向上级主管部门多次投诉后，他得以被鉴定。不过，郑州市职业病防治所为其做出了"无尘肺0+期（医学观察）合并肺结核"的诊断，引起他的质疑。在多方求助无门后，6月22日，被逼无奈的张海超不顾劝阻，"开胸验肺"以寻求真相，从而引发一系列社会反响。[①] 6月1日，张海超来到郑州大学一附院门诊，他不顾医生劝阻，铁了心地要开胸，张海超说："当时医生劝我说，凭胸片、肉眼就能看出你是尘肺，从技术上，职防所也不可能做出这么低级的误诊，这样开胸很危险，你不应该拿生命冒险。"张海超一再要求，医生最终为他做了开胸手术。结果胸部一打开，医生就发现了肺部存在大量粉尘，肉眼可见。医生做了肺部切片检验，证实了张海超"尘肺合并感染"。在媒体报道后，张海超"开胸验肺"的事情得到了社会人士的广泛关注。在卫生部专家督导下，职防所再次做出会诊，正式诊断为"尘肺病Ⅲ期"。最终，张海超获得了B公司61.5万元的赔偿金。

张海超的事件已过去多年，但是，企业违反职业安全卫生制度的事件仍然经常发生，我们不禁要思考，为什么企业一直没有重视员工的安全与健康，为什么职业病的预防与诊断如此困难？张海超事件的发生表明，部分中小企业在职业安全卫生管理方面有严重的漏洞。职业安全卫生管理制度是企业管理制度的重要组成部分。我国《劳动法》第52条规定："用人单位必须建立、健全劳动安全卫生制度，严格执行国家劳动安全卫生规程和标准，对劳动者进行劳动安全卫生教育，防止劳动过程中的事故，减少职业危害。"

完善职业安全卫生管理，企业需要建立一套规范的制度，以制度为抓手，才能做到防患于未然。当然，每个企业的生产特点、性质不同，具体可以从以下这些制度中，选出最实用的内容：（1）安全生产责任制；（2）安全技术措施计划管理制度；（3）安全生产教育制度；（4）安全生产检查制度；（5）劳动安全卫生监察制度；（6）伤亡事故报告和处理制度。

让员工参与管理，成为自己的主人。在员工日常管理制度上，顺丰快递公司通过一系列的尝试，创立了员工参与式日常管理制度。作为快递业的一员，顺丰快递公司属于劳动密集型企业，员工平均年龄为30岁，新生代员工占员工总人数的70%，他们大多数为一线员工，每天必须面对不同的环境，与不同的

[①] 详见新闻《张海超"开胸验肺"事件的前前后后》，https：//news.sina.com.cn/c/2009-09-21/142918694913.shtml。

人打交道，但工作内容重复性高，在他们的心中，普遍对自身岗位的荣誉感不强、定位低。如何让新生代的一线员工在重复的工作中获得乐趣，实现有效管理呢？为此，公司的管理者发现，尊重是他们的基本诉求，如果在日常管理中设置诸多条条框框，效果会大打折扣。因此，管理者决定利用年轻人对互联网平台的热爱和喜欢发声的特点，建立员工参与式的日常管理制度。例如，设立顺丰 BBS、总裁邮箱、致电审计监察部等投诉渠道，开展"改变周围一点点"主题项目，旨在希望员工们都能在"改变企业"上大胆提出自己的创意，每位员工根据自身对企业运行、企业环境、企业管理等方面的观察，提出改善方案。企业定期对方案进行评选，给予优秀方案奖励，并由人力资源部门推动实施此方案。

"一线管理者的三六九"制度是针对一线管理者的行为规范监督项目。"三六九"指的是对一线管理者的行为要求，是企业人力资源部与员工共同制定的。"三六九"行为准则贴在每一个分点部的工作区域内，让一线员工实施监督、及时监督，让一线管理者能更好、更规范地实施自我管理。

员工日常管理制度是为进一步深化企业管理，充分调动、发挥公司员工的积极性和创造性，切实维护公司利益和保障员工的合法权益所制定的制度。有些企业日常管理制度一应俱全，却仍停留在胡萝卜加大棒的经验管理阶段；而有些企业，能够充分理解员工的需求，激发员工热情，真正转变了管理的方式。顺丰公司正是后者，他们的员工日常管理制度不仅起到规范员工、管理者行为的作用，更能让企业高层获知基层员工对企业管理者的期待，从而能帮助管理者更好地实践尊重文化，完善企业的管理。

基于此，我们总结了制定员工日常管理制度的原则：（1）制度不须面面俱到，而应符合员工的特性和企业的特点；（2）发挥员工的主动性，倡导员工自我管理；（3）设立相关责任人，执行监督制度；（4）培植企业文化，营造良好的管理氛围。

管理既是一门科学，又是一门艺术。如果你是一位中小企业的管理者，灵活掌握了以上管理方法，并结合企业的实际，一定能实现劳动用工管理的有序化、规范化。

第3章　做好人力资源规划

优秀的人才是最有活力和创造力的资源，能让中小企业在日益激烈的市场竞争和快速变化的内外部环境中抓住发展的良机，实现组织的战略目标。因此，中小企业管理工作的首要任务是为企业配备充足的人力资源，进行及时有效的人力资源规划，这既是实现整个组织战略规划的保障，也是员工管理实践的起点。

3.1　预则立，不预则废

《礼记·中庸》里有这样一句传世名言："凡事预则立，不预则废。"意思是，要想事情顺利获得成功，必须要有计划和准备，否则只能尝到失败的苦果。在《论持久战》中，毛泽东也引用这句话，用来说明一个道理：战争要想胜利，预先的计划必不可少。在中小企业管理中，优秀的人才是最有活力和创造力的资源，那么，要想利用好人力资源，做好人力资源规划就是非常重要的一步。没有这个良好的起点，中小企业很难在"虎狼环伺"的市场竞争中占得先机，一举突围。

众所周知，华为现如今是中国最大的手机运营商，产品服务、企业产值、创新能力等在国内都首屈一指。但是，华为并非轻易发展成为全国领先的大型企业。人力资源的战略规划在华为的发展道路上起到了至关重要的作用。

华为公司（以下简称"华为"）1987年创立，曾经也只是一个名不见经传的小型民营企业；在成立之后的十几年发展期，华为逐渐成为国内百强企业之一，利润率和研发投入率都首屈一指。要说华为为什么能这么快取得成功，就不得不提华为在创立初期就提出的人才战略：抢占人才高地，垄断后备人才。

华为的领导者信奉这样一句话,人才是企业制胜的关键法宝。华为开始创立时,公司一共只有10多人。在确立了人才优先的发展战略之后,华为制订了相应的人力资源规划,开始进行人才引进和储备,企业人数逐渐增加。20世纪90年代中后期,华为每年的员工数都会增长3000人到4000人,这个数据在国内排名第一。以1998年中国科学技术大学的毕业生求职情况为例,求职的400名研究生中,有将近25%的人入职了华为公司。

到了21世纪初,华为的员工总数达到15000多人,经过十几年的时间,华为就有了非常巨大的规模。在这15000多人中,员工的平均年龄是27岁,本科及以上学历达到85%,特别是研究生学历达到45%。从这里可以看出,华为在发展初期就确定了企业的战略定位,并且根据这个定位准确地把握住了人才这一关键点,紧紧地抓住了人力资源规划先行这一重要思路。但是,我们也可以发现,华为的人力资源规划是具有战略高度的,并且富有竞争性,给其他竞争对手造成了巨大的压力。华为并不仅仅是根据人力资源的需求和供给来进行简单预测,而是出其不意,抢占了人才市场的先机,为企业的快速发展奠定智力基础。

对其他的中小企业而言,华为的发展经验有一个重要启示:要想企业发展壮大,不管公司现在有多少人、需要管多少人、要招多少人,人力资源规划都不能少!任何企业的发展都需要人力资源的充分保障。实施人力资源规划,有利于促进企业良性发展,协调人力资源管理系统。对于中小企业来说,缺失人力资源规划是一个很严重的问题。没有规划会导致中小企业出现人员配置不当、员工素质结构失衡、岗位职责混乱、企业发展后劲不足等问题,从而束缚企业发展,错失发展先机。做好人力资源规划是推动企业发展的需要,能够为企业战略制定提供相关信息,可以进行人力资源预测、增补及培训,降低企业用工成本,调动员工的职业规划积极性,促进人力资源的合理利用。人力资源规划对中小企业的发展至关重要,必须引起管理层的高度重视和全体员工的一致认同。每一个企业管理者都应当知道从哪些方面着手,做好人力资源规划。

一个成功的商人在一个山村度假时,独具慧眼地发现了一个敦厚少年,想给他一个机会,带他出去闯荡一番。

"孩子,你想不想做大老板呀?"商人问少年。

"不想,我不知道怎么当大老板。"少年回答。

商人很惊讶,他仔细解释了老板是什么,告诉少年当老板有很大的好处。

少年果然被打动，跟着商人离开故土，到城市里打拼。

半年之后，少年告诉商人："我想当大老板。"

商人反问他："你知道老板要做什么了吗？"

少年自信地说道："老板要在大办公室里面签字，出门可以坐高级轿车。"

商人对这个回答并不满意，他叹了口气，决定让少年跟在自己身边继续教导。又一个半年过去了，少年觉得自己学得不错，可以试着当老板了，商人问了同一个问题。这次少年更加自信了，"老板就是一个组织的领导者，要协调内外、进行决策、处理信息、制定计划、应对突发情况等，我知道老板是很重要的角色了……"少年侃侃而谈，说了半个小时。商人觉得少年已经清楚了老板的职责，就很放心地把一家子公司交给少年打理。不幸的是，一年时间还没到，子公司经营不善，濒临倒闭。

商人很生气，问少年："你当初不是知道当老板要做些什么吗？难道只是口头上说说而已？"

少年却很茫然："我知道要做什么，但我不知道应该怎么去做。"

商人顿时明白了自己的失误，他让少年跟随在自己身边，让他看到了老板的工作是什么，但却没有教他如何做，这样怎么可能把一个无知少年变成一个成功的老板呢！

知其然，而不知其所以然，这个情况同样发生在很多中小企业。遗憾的是，很多中小企业的管理者和人力资源部门不了解人力资源规划，没有给予人力资源规划应有的重视；有时在实施过程中也没有取得各级部门主管和直线经理的有效配合，人力资源规划有名无实。即使越来越多的中小企业管理者已经认识到人力资源管理的重要性，但是人力资源规划要怎样制订和实施，很多人都有疑惑和不解。

"人力资源规划不就是招人和算工资，很简单嘛，培训培训就行。"

"人力资源规划很难搞啊，老板没有拍板定战略，我们怎么开始做规划？"

"人力资源规划没什么大作用，计划赶不上变化，规划的百分之七八十都是空话。"

上面这几种对人力资源规划的看法只是一部分缩影，许多中小企业人力资源管理者们要么认为人力资源规划很难制订，要么认为人力资源规划作用不大。很显然，他们并不了解什么是人力资源规划。可以试想，持着这些想法和态度，在现实的人力资源管理实践中，人力资源规划是很难制订和落实的。就像商人教导少年做一个成功的老板,如果我们想制订一个成功的人力资源规划,必须深刻理解这三个方面——什么是人力资源规划,人力资源规划要做什么,如何开展人力资源规划。

人力资源规划有总体和局部的区别,总体是人力资源总规划,局部是各项业务规划,这是人力资源规划的两个层次。总体规划是指在预测期内人力资源管理和开发的总目标、总政策、实施步骤和预算计划。各项业务计划是指总体规划的进一步细化和展开,包括员工补充、人才接替及提升计划、人员使用计划、评价与激励计划、培训与开发计划、劳动关系计划、退休与解聘计划等,具体见表3-1。

表3-1　　　　　　　　　　人力资源规划的种类

计划类型	目标	政策	步骤	预算
总规划	总目标(绩效、人员总额、素质、员工满意度)	基本政策(扩张、收缩、革新等)	总体步骤(按年安排)	总预算(万元)
员工补充计划	数量、结构、绩效目标	招聘标准、招聘来源、基础待遇	制定标准、宣传、招募、甄选、录用	招聘、挑选费用(万元)
人员使用计划	部门编制、员工结构优化及绩效改善、职务轮换计划	任职条件、岗位轮换的范围和时间	—	按员工规模及员工状况决定
人才接替及提升计划	后备人才储备、优化人才结构、提高绩效	选拔标准、资格、试用期、提升比例	—	薪酬调整
培训与开发计划	素质提高、绩效改善、企业文化推广、员工入职引导	培训时间、培训效果(待遇、考核、使用)	—	培训投入、工作脱产损失
评价与激励计划	离职率降低、士气水平、绩效提高	激励重点、工资政策、奖励政策、反馈	—	工资、奖金
劳动关系计划	降低非期望离职率、减少投诉率	参与管理、加强沟通	—	诉讼费及相关费用
退休与解聘计划	编制、人力成本降低、生产率提高	退休政策、解聘程序	—	安置费、派遣费、重置费

资料来源:余凯成等.人力资源管理.大连理工大学出版社,2000:49。

人力资源规划是在企业战略指导下，企业做出的预测期人员供给和需求的平衡计划。通过人力资源规划，我们要回答下面三个问题：（1）在这一时期，企业有什么样的人力资源需求？也就是企业需要多少人，这些人有什么样的素质和结构要求？（2）我们是否能得到和需求相适应的人力资源供给？（3）企业进行人力资源供给和需求的预测，比较的结果是什么，企业应当采取什么措施平衡供求？

上面提出的三个问题包含了人力资源规划的三个主要方面，也就是需求、供给和平衡措施。如果能够明确回答出这些问题，那么就可以说完成了人力资源规划的任务。人力资源规划是什么、要做什么，相信大家很好理解。最重要的一个问题是，人力资源规划如何展开。要开展人力资源管理，应当从三阶段入手：（1）明确战略规划；（2）制订人力资源规划；（3）人力资源管理模块与具体的执行计划。

如果你不知道你要到哪儿去，那么往往你哪儿也去不了。人力资源管理也是如此，企业战略是指明人力资源规划方向的导航明灯。在人力资源开发与管理活动中，要从战略目标出发，以战略为指导，确保人力资源政策的正确性与有效性。但是，发展战略往往是中小企业容易忽视的问题，没有战略指引的人力资源规划，会让中小企业在人力资源管理过程中摸着石头过河，经常捡了芝麻、丢了西瓜。

大家应该对红桃K和凯迪电力这两个湖北本地企业比较熟悉了。它们都在20世纪90年代初创立，在20世纪末达到了发展的巅峰。但发展的后续却相去甚远，红桃K走向末路，凯迪电力转型成功。两相比较，红桃K真的是给广大企业上了一课。红桃K生血剂在20世纪90年代红极一时，企业也确实有资本扩大经营。但盲目扩大多元化经营、分散资金、战略调整不当，使企业错失了转型先机，导致元气大伤，难以重塑辉煌。凯迪电力则敏锐地发现了行业的发展趋势，依靠精准的战略把握，引导了企业的转型，最终使企业得到了持续的良性发展。

有人力资源规划固然很好，但没有战略指导的人力资源规划就像没有灯塔指引的航船，会让企业的人力资源管理迷失方向，找不到推动企业发展的正确道路。这样的人力资源规划，不如不要！所以，要重视人力资源规划的战略性。思达·佛柏说过这样一句话："依你的身材剪裁的衣服，纵然不像为别种身材的人剪裁的衣服那般华丽，却要合适得多了。"因此，企业开展人力资源规划的首要的标准即是从企业实际需要出发，根据企业发展战略制订人力资源规划，这样才能为企业建立一支优秀的人才队伍。下一节将详细介绍企业人力资源规划的实施步骤。

3.2 行远自迩，登高自卑

"行远自迩，登高自卑"这句话是《中庸》一书里面的警世名言，意思是，行远路要从近处的第一步开始走起，登高峰要从山脚低处开始攀登，这样步步踏实，才能顺利地到达远处，登上高峰。我们做任何事情首先要有一个远大而确定的目标，但实际做起来，必须脚踏实地，一步一个脚印，不可操之过急。否则，欲速则不达，适得其反。我们在做人力资源规划时，要一步一个脚印，不能想着一步登天、凭空造出一个想当然的规划。

进行人力资源规划主要有 4 个步骤：准备阶段—预测阶段—实施阶段—评估阶段。在中小企业刚开始着手制订人力资源规划时，建议按照这 4 个步骤，稳妥推行。

赵立伟在一家中型五金制品公司上班，刚刚调到公司人力资源部当助理。让他头疼的是，上级给他指派了一项棘手的任务，公司要制订一份 5 年期的人力资源规划，但是任务很急，要求在 10 天之内完成。赵立伟毕业之后一直从事人力资源管理工作，经验丰富，但是，要在短期内完成一份预测期不短的人力资源规划，还是有很大的难度。看着办公桌上公司各部门汇总来的大量文件和报表，赵立伟觉得一筹莫展。经过几天的思考和学习，赵立伟整理出了几条思路和重要内容。

第一，赵立伟了解了本企业的人力资源现状，对各类员工进行了统计。统计发现，由于企业是一家中型五金制品公司，一线工人数量较多，行政职员和管理层数量中等，技术人员和销售人员数量较少。公司共有生产和维修工人 800 人、行政职员 150 人、管理人员 70 人、技术人员 40 人、销售人员 25 人。

第二，赵立伟收集了公司 5 年以来的员工离职信息，统计得出平均离职率是 4%，公司经营稳定，劳动力市场也变化不大，因此，未来 5 年的离职率也以这个数据为准。但是，赵立伟也注意到，公司不同种类的员工离职率存在差异，生产工人流动性大，离职率高达 8%，管理人员和技术人员离职率只有 3%。

第三,根据公司近期制定的发展战略,公司要扩大生产规模,新增几条生产线,那么,公司人员储备就要相应增加。根据工作要求和人员需求进行推算,公司预计增加5%的生产维修工人、5%的技术人员、10%—15%的行政职员和销售人员,管理人员数量不变。

第四,赵立伟了解到,最近本地政府部门发布一个新政策,要求企业在招聘新员工时不得歧视女性,要优先帮扶女性和下岗职工。赵立伟发现,由于行业性质原因,目前公司内女性职员较少,但在招聘环节公司一视同仁,并不存在歧视现象。女性在销售人员中占比3%,在管理人员中占比4%,在技术人员中占比7%,在生产工人中占12%,但是集中在基层生产岗位。

赵立伟花了几天时间来收集这些信息,思考如何开展人力资源规划。他需要在规划中指出公司需要的各类人员数量,怎样在招聘计划中贯彻当地政府的帮扶政策。另外,公司新品推出之后怎样在人力资源方面给予保障,也是需要考虑的重要问题。从赵立伟的思考中,我们可以发现,他对本公司的内部现状有了细致的了解,也明确了公司未来发展的战略目标——扩张与新品推广,并且考虑到了当地政府最新的劳动力市场政策。可以说,赵立伟在人力资源规划的第一步——准备阶段做得不错。

任何规划想要做好,都必须充分了解信息,人力资源规划也是这样。由于影响人力资源供给和需求的因素很多,为了能够准确地作出预测,就需要在准备阶段收集和调查各类信息,这些信息包括外部环境信息、内部环境信息以及现有人力资源的信息。(1)外部环境信息:考虑企业所处环境的多方面情况,包括政治、法律、经济、科技、人口、社会文化等因素。(2)内部环境信息:包括企业信息和管理现状两个部分。主要有企业生产技术、发展战略、产品结构、经营规划、组织结构、管理风格、企业文化、管理层次和跨度、人力资源管理政策等。(3)企业现有人力资源信息:对人力资源的数量、质量、结构和潜力等方面进行的盘点。主要包括员工的个人情况、职业经历、受教育程度、工作绩效、工作能力、工作态度等各方面信息。

赵立伟的经验证明,不能打无准备的仗:只有经过实际的调查和访谈、进行充分的信息搜集,才能做好人力资源规划的准备工作;只有及时掌握企业内外部环境信息和人力资源队伍现状,才能根据实际情况制订出合理的人力资源规划。

在做好准备工作之后,我们就可以进入制订人力资源规划的关键阶段——

人力资源需求与供给的预测。在这个阶段，我们要选择适用有效的预测方法，预测出本企业未来某一时期的人力资源供给和需求。人力资源规划的成败取决于人力资源供求的预测，只有进行准确预测，我们才能采取行之有效的措施进行供需平衡，满足企业对人力资源的要求。在下一节中，我们将具体介绍人力资源供给和需求预测的主要方法。

在人力资源规划的实施阶段，我们要根据人力资源需求和供给之间的比较结果，通过人力资源的总体规划和业务规划，制定并实施平衡供需的措施，从而满足企业人员要求。人力资源规划的终极目标是使人力资源供给和需求达到平衡，在人力资源供大于求或供小于求的不同情况下，可以采取不同的人力资源规划措施来进行协调。在制定相关措施的时候，需要关注人力资源规划与企业其他业务规划之间是否能够协调配合，保证人力资源规划顺利开展。

评估诊断人力资源规划的实施效果是人力资源规划的最后一步。人力资源供求预测不可能完全准确，我们要根据实际情况进行及时修正，所以，人力资源规划也不会固定不变。评估人力资源规划要从两个方面入手：其一，在实施规划的同时，要根据内外部环境的变化及时修正供求预测的结果，接着调整人力资源规划的相关措施；其二，要评估人力资源规划实施过程中的具体措施，衡量措施的合理性和有效性，为之后进一步平衡人力资源供求积累经验。

人力资源规划的详细步骤在网上都可以查到，这里我们不展开具体叙述。我们可以根据企业具体现状进行相关分析，做好准备工作，进行具体预测，采取有效措施，实施并评估人力资源规划。这些步骤很简单，也很重要，我们需要记住下面四句话：（1）不打无准备的仗——做好准备工作；（2）分析需求与供给——进行预测；（3）好钢用在刀刃上——实施规划；（4）还能做得更好吗——评估诊断。

3.3　锦囊妙计，双管齐下

在人力资源规划的过程中，最具有挑战性的莫过于第二个阶段——预测人力资源需求和供给。在这一阶段，企业人力资源部门需要根据企业的要求，采用合适的预测方法，大致推断出：我们需要多少人，需要什么样的人，企业内部和外部能够提供多少适合我们的人才？

在理解了人力资源规划的重要性、掌握了充足的人力资源信息、做好准备工作之后，我们还需要学会选择有效适用的"锦囊妙计"，来预测人力资源的供给和需求。这能够帮助我们快速得到人力资源供求的比较结果，指导我们选择人力资源供求平衡措施。

常用的人力资源预测方法有7种，A建筑公司采用了趋势预测法，收效显著。

广东省广州市A建筑公司是一家中型国有企业，借着改革开放的东风，A建筑公司抓住了大好机遇，迅猛发展。同时，随着城市化进程的推进，原广州地区城乡结合部的大批农民成为市民，在A建筑公司谋生。建筑公司工人需求量大，随着企业规模扩张和业务增加，大量工人工作量饱和，尽管加班加点埋头苦干，也满足不了企业完成业务的需要。为了继续顺利开工，公司人事部门急急忙忙地招了一批新员工。由于用工需求紧迫，人事部门迫不得已降低了录用标准，匆忙招进来的一批人并不能高质量地完成企业任务。这些新员工的结构也不甚合理，平均年龄偏大，不能承担建筑工人相对繁重的工作任务；另外，异地迁徙员工比重大，员工结构不稳定，离职率较高。令人头疼的是，在人员紧缺的状况下，人员流失的情况反而更加频繁地出现，人事部门又一次次地陷入了招工困难的境地。

情况逐渐恶化，一度影响到了建筑公司承包工程的正常施工，终于引起了公司管理层的重视。总经理很惊讶："建筑工人都找不到，人事部平常都不做事吗？"人事部门也焦头烂额，有口难言。公司无计可施，从人力资源咨询机构聘请专家，亲自到企业走访调查，为企业解决人力资源困境提供建议。专家经过走访发现，该企业对人工需求没有一点计划，总是有人离职才临时招工，企业内部和外部都没有人员储备。因为人事部门一直没有意识到一个重要的问题：像公司初期那样，一发招聘启事就有人上门求职的情况已经不可能再出现了，这种"临阵磨枪，不亮也光"的思维定式必须赶紧转变。

问题提出之后，公司管理层高度重视，决定在公司战略中加入人力资源战略规划，力图解决人员短缺的问题。专家指出，必须从现在开始关注人力资源现状，做好人工需求计划，预测未来需求，提前预防。由于公司是建筑类企业，人员需求可以根据工程量来推测，公司也一直处于稳步发展的阶段；另外，宏观经济形势也没有剧烈变动，因此，在专家的指导下，人事部运用简单的趋势预测法来预测未来人员需求。从表3－2中可知公司近12年以来工人的数量。

表 3-2　　　　　　　　　　　公司人员数量　　　　　　　　　单位：人

年份	1992	1993	1994	1995	1996	1997	1998	1999	2000	2001	2002	2003
员工	510	480	490	540	570	600	640	720	770	820	840	930

当人事部门将预测数据和近几年的实际数据对比，发现预测量与实际量近乎一致。公司人事部门终于发现了疏忽，公司高层管理者也和人事部门达成了共识，在今后的工作中重视人力资源需求的预测，做好员工短缺的预防工作。A建筑公司预测人员需求采用的是简单的趋势预测法，该法适用于经营稳定、人员结构简单、趋势稳定的企业。进行趋势预测时，首先要收集企业在过去几年内人员数量的数据，并且用这些数据作趋势曲线图，从曲线图上看出预测期的变化趋势。

当然，人力资源需求预测还有很多可供选择的方法：（1）零基预测法：根据企业任务目标和工作职责预测人力资源需求。（2）德尔菲法：倾听专家的意见。将问题设计成问卷请专家组用"背靠背"的方式完成，多次反馈修改可以形成较为准确的预测结果。（3）微观集成法：将各部门需求进行整合与控制。当部门主管上报的员工需求数量偏大时，需要领导层进行全局把握。（4）劳动定额法：用企业计划任务总量除以劳动者单位时间工作量来计算需求。例如，一名老师能够承担40名学生的工作量，如果明年学校准备使在校生达到4000人，就需要100名老师。（5）回归分析法：分析影响劳动力数量和结构的影响因素，找出本企业中占比最大的影响因素，建立该因素和劳动力数量的回归方程，之后就可以分析企业劳动力随着某个影响因素的变动趋势，从趋势来进行分析。（6）计算机模拟法：在计算机中运用模型进行模拟测试，预测人力资源需求。

没有最好的方法，但有最合适的方法。对于以上几种预测人力资源需求的方法，我们应当根据企业的实际情况进行选择，力求简便、高效。有人会说，人力资源需求预测看起来还是挺简单的，那么，预测人力资源供给就无须担心了。但是，周正明却在为这个问题发愁。

周正明是佳华有限公司的人力资源部经理，近来工作上觉得很不顺心。他是人力资源部经理，最近各部门都在向人力资源部门要人，可人力资源部短时间内很难应对员工缺口，没有有效方法可以迅速找到合适的员工。这种情况一年之间已经出现了3次，周正明不知道是这些部门出了问题，还是自己的工作没有做好。这天下班后，周正明到一家常去的饭店吃饭，打算大吃一顿，缓解一下最近郁闷的心情。刚落座，就听到了饭店老板和一个客人的对话。客人非常不满："前两天我到你们饭店来吃饭，点了青椒辣子鸡，虽然是限量供应的特色菜，有点贵，但是味道不错。我还特地推荐给了同事，今天早早来请他们吃饭。可是，今天青椒辣子鸡居然变成了限时特价菜。你们饭店到底是怎么做生意的？我同事还笑我起早请他们吃特价菜，你们不是开玩笑吗？"说到这里，客人一脸不高兴，旁边包厢里面也传来一阵笑声。

老板一脸无可奈何："你也是常客了，我也没什么好隐瞒的。我也是很无奈。负责采购食材的经理也是我们饭店的股东，他的进货计划我们都不知道。前两天的时候鸡肉不够，今天鸡肉又买得过量，所以，限量菜就变成了特价菜。"

客人显然并不满意这个回答："那我是来得不赶趟了！"

老板只能说道："请您见谅了，下次来之前，要不打电话来问问菜品？"

客人反而问道："既然这样，你怎么不问问采购经理，把下星期的菜品提前挂出来？"

周正明听到这里，也觉得很好笑：老板和客人，一个不知道自己供应什么，一个不知道店里供应什么。仔细一想，周正明不免有些尴尬：公司员工和饭店菜品正是一样的情况，自己和饭店老板犯了一样的错误。就像老板不知道菜品，人力资源部不清楚公司内部的人力资源供给情况，每次一有人员流失就措手不及；同样地，人力资源部也不了解外部劳动力市场的情况，不知道从哪里招合适的员工。周正明不由得轻笑出声，客人和老板都停下谈话，一脸惊讶地看着他。周正明摇摇头，无声自嘲。特意点了一盘青椒辣子鸡，好好地享受了一个人的午餐。

周正明经过这次午餐之后，明白了佳华有限公司各个部门总是需要不断招人，但人力资源部又不知道从哪里招人的原因。因为人力资源部门没有搞清楚自己公司内部人力资源的现状，公司对外部人力资源供给的了解也非常不足，当需要招聘新员工时，公司不知道从哪里招人。所以，这就是为什么周正明总是因为各部门缺人的问题头痛。如果在日常工作中做好人力资源供给的预测工作，那么，在出现这些问题时，不管从企业内部还是企业外部，都能快速找到合适的人选。

我们预测人力资源供给的视角和预测需求时有很大不同。人力资源需求预测只是分析企业内部对人力资源的需求，而人力资源供给预测需要从企业内部和外部两个方面同时进行分析。

内部供给预测需要考虑企业的内部条件，估计经过未来一段时间的调整后，企业内部供给的情况。外部供给预测需要考虑企业外部环境的变化，预期劳动力市场满足企业需求的能力如何。可以看到，供给预测需要考虑更多难控制的因素，只有认识到其特点，选取合适的方法，才能增加预测的准确性。

人力资源供给预测的常用方法分为内部预测和外部预测两个方面。首先，我们要预测企业内部人力资源供给，也就是在预测期内企业内部的人力资源现状及人才储备。内部供给预测主要运用以下 4 种方法：（1）技能清单法；（2）员工替换法；（3）人力资源水池模型；（4）马尔可夫矩阵法。

人才现状及储备情况需要人力资源部门从员工入职就开始进行记录，运用技能清单法（见表 3-3），详细记录员工的教育水平、培训背景、职业经历、技能特长和主管评价等信息资料，反映员工的基本情况和潜力，人力资源部门可以根据技能清单的内容来预测哪些员工可以补充未来可能出现的岗位空缺。

表 3-3　　　　　　　　　　　技能清单表

姓名		职位		部门	
出生年月		婚姻状况		到职日期	
教育背景	类别		学校	毕业日期	主修科目
工作经历	单位名称		职位		任职年限
技能	种类			所获证书	
培训经历	培训主题		培训机构		培训时间
个人意向	是否愿意承担其他类型工作？		是		否
	是否愿意调换到其他部门？		是		否
	愿意接受工作轮换以丰富工作经验？		是		否
	最想承担哪种工作？				
你目前最需要什么培训？					

另外，当我们想直观地看到企业内部可能的职位调动和潜在空缺，这时，要用员工替换法进行预测。画出职位替换图之后，就能够根据员工现有的绩效水平简单判断出该员工未来某一时期的去向，比如升职、调动或留在原职位。我们举一个简单的例子，假设某部门现在有 X、Y、Z 三个职位，由甲、乙、丙三个人来任职（见图 3-1）。

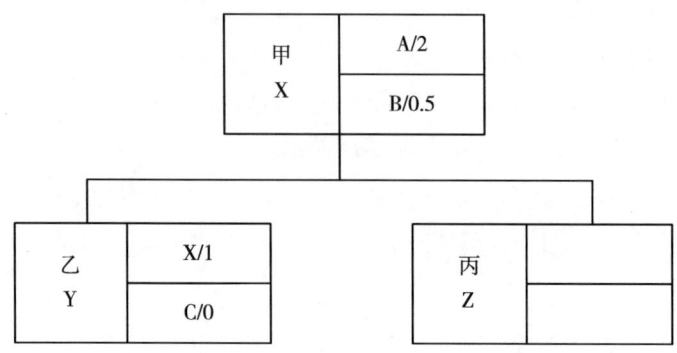

图 3-1　某部门人员替换图

每个职位右边有两个方框，上面的方框表示该员工可以晋升的职位以及晋升所需的时间，下面的方框表示该员工可以调动的岗位以及顺利适应新工作的时间。例如，甲现在任职于 X 职位，他有潜力晋升到 A 职位，需要 2 年时间适应，也可以平行调动到 B 职位，需要半年时间来适应新工作。同理，乙也是如此。但对于丙来说，根据能力分析，他既不能调动，也不能晋升。但是，这只是预测，对于甲来说，调动和晋升都不是必然情况，要根据企业实际情况来决定。

下面还有两种方法可以具体计算出某部门或某职位层次人员的具体供给量。第一种是非常简单的"人力资源水池模型"。该模型把人看作水，有流出也有流入，代表了人员的晋升、降职、平级调动和离职等情况。通过计算，就能得到具体的供给量：（公司/部门/岗位）人力资源预测供给量 = 现有数量 - 流出数量 + 流入数量。

第二种方法也就是马尔可夫转换矩阵法。这种方法相对复杂一些，我们要假定在预测期内企业员工流动模式有一定规律，而且短期内不变，这时，可以利用人员转换率来计算企业预测期内人员供给。我们通过一个例子来解释马尔可夫转换矩阵的应用方法。假设某企业有三类职位，从低到高依次是 A、B、C，各类人员的分布情况如表 3-4 所示。在预测时，要确定三类职位的人员转换率，转换率可以通过一个矩阵表示出来。A、B、C 职位现有人员分别为 40 人、60

人、80人。人员转换率表示的是在固定时期内，两类职位之间转换的人员数量。从表3-4中可以看出，A类职位有90%的人留在企业，B类职位有80%的人留在企业（10%的人转换到A类职位），C类职位有70%的人留在企业（10%的人转换到B类职位）。通过各类人员的人数和转换率，我们可以预测未来的人力资源供给情况。将各职位人员数和转换率相乘，之后纵向相加，可以得到每类职位某一时期的供给量。

表3-4　　　　　　　　　　　　　人员转换率矩阵

	A	B	C	离职率合计
A	0.9			0.1
B	0.1	0.7		0.2
C		0.1	0.6	0.3

从表3-5可以看出，A类职位在预测期的供给是42人（包含职位调动），将这一供给和A类职位的需求预测进行比较，就可以得出A类职位的净需求。使用马尔可夫转换矩阵法的关键就是要明确各类职位的转换率，但是，人员转换率很难确定；这种估计也会影响预测的准确性。

表3-5　　　　　　　　　　　人员供给预测情况　　　　　　　　　单位：人

	初始人数	A	B	C	离职总人数
A	40	36			4
B	60	6	42		12
C	80		8	48	24
供给预测	180	42	50	48	40

相对来说，预测外部人力资源供给是比较复杂的，需要考虑宏观经济形势、地区政策、行业发展等相关因素。当组织内部员工的晋升或替换等流动方式不足以弥补岗位空缺的时候，需要向组织外部招聘和录用新员工，补充组织的员工队伍。组织外部人力资源的预测要结合宏观形势、行业人员供给和地区人员供给3个方面综合进行。乔治·艾略特说过这样一句话："如果我们想要更多的玫瑰花，就必须种植更多的玫瑰树。"当我们需要更多的人才时，就需要做好人才储备。内部和外部的人才获取途径各有千秋，我们可以根据实际情况进行选择。

总的来说，人力资源需求和供给预测的目的是根据供需预测的情况，调整企业现有人力资源状况，实现人员的供需平衡。一般企业中的人力资源供需总是处于失衡状态：供给大于需求；供给小于需求；供需结构失衡。根据情况不同，企业需要编制不同的人力资源规划。

CC2 公司成立于 2000 年 2 月，是一家以管理软件开发为核心业务，为最终用户提供全面解决方案和咨询服务的中小企业。经过供给和需求的预测，该公司决定针对各类员工采取不同的人力资源供给和需求平衡方法。CC2 公司是一家技术型企业，公司人员中占比最大的是技术类员工。公司中高级技术员工主要以内部供给为主，内部流动能够基本满足人员需求。当公司需要寻求创新和突破、招募高端人才时，可以从外部市场获取。销售类员工人员流动性较大。一般的销售人员供给小于需求，采取外部招聘的方式可达到供需平衡。管理类员工流动性较小，容易产生人浮于事的情况，供给大于需求。公司决定加强培训，进行工作轮换或工作分享，使管理人员的工作内容更加饱满。

企业如果出现人力资源供需失衡的现象，可以从表 3-6 中选择合适的方法，采取措施使人力资源供需的数量和结构趋于平衡。

表 3-6　　　　　　　　　　　供需平衡的方法

现象	方　　法
供给 > 需求	裁员
	减薪
	降级
	工作轮换或工作分享
	自然减员
	退休
	再培训
供给 < 需求	适当延长加班时间
	临时雇用
	业务外包
	培训后换岗
	减少流动数量
	外部招聘
	技术创新
供给需求结构失衡	人员内部重新配置：升职、平调、轮岗
	人员置换：释放、补充

企业人力资源的供求平衡，一方面包括人员数量上的平衡，另一方面包括人员类别、层级、质量等结构上的平衡。只有当企业实现人力资源供求平衡，才能实现人员最佳配置，最大限度地发挥人力资源的效能和潜力；同时，减少企业成本，提高用工效率，充分满足企业和员工的共同需求。

3.4 因时制宜，行之有效

有一个谜语叫作"春耕夏耘，秋收冬藏"，大家可以试着猜猜谜底。这个谜语说的是在不同的农作时节，要做不同的事情，谜底是一个成语——因时制宜。这个成语出自《淮南子·泛论训》，意思是做事情要根据不同的发展时期，采取不同的应对手段。中小企业的发展也是如此，有不同的发展阶段，在初创期、迅速成长期、成熟期和衰退期，应当采取不同的人力资源规划，这样才能满足中小企业不同发展阶段的人力资源需求。

史玉柱的传奇创业经历，或许很多人都有所了解。从巨人公司的迅速崛起到遗憾没落，又依靠脑白金重新发家，史玉柱的 N 形创业经历让很多创业者都叹为观止。史玉柱毕业于浙江大学数学系，之后在深圳大学软科学管理系读研。他意识到 20 世纪 80 年代中国落后的电脑技术迫切需要改进，凭借研究生在读期间开发出的一套软件——M6041 桌面汉字处理系统（人称"汉卡"），他决定辞去在职读研时的工作，下海创业。甚至对自己的同伴放出话："如果下海失败，我就跳海。"可见他对自己有十足的信心，也有十分的魄力。史玉柱联合了几个志同道合的青年伙伴，大胆承包了深圳大学科技工贸公司电脑服务部，创业资金只有 4000 元。凭借着先打广告、后交钱的方式，史玉柱接到了订单，"巨人"正式起步。通过改进汉卡技术，他在这个领域逐渐站稳了脚跟。1991 年，史玉柱在珠海注册成立巨人新技术公司，立志要做中国的 IBM，做东方的巨人。这时候企业的注册员工只有 15 人。

在中小企业的艰难求生阶段——初创期，企业一般由各个业务部门的骨干、元老构成，组织结构简单，员工数量少，经常会出现一人兼任多个岗位的情况。另外，很重要的一点是，中小企业通常缺乏资金，企业产品结构也相对简单，通常是集中精力和资源突破某一个市场空白。巨人公司就是抓住了电脑技术的商机，在高科技市场立住了脚。1992年，巨人公司的汉卡卖出2.8万套，利润达到了3500万元。这时候，公司迅速招募了一批青年员工，平均年龄24岁，本科和研究生学历达到了97%。巨人公司有了坚实的人才队伍，公司员工增加到了100人。

在初创期，企业需要建立一支结构完善的人力资源队伍，弥补企业在创立时的人才不足。在开创初期，中小企业尤其需要各业务和职能部门的专业人才，比如高级管理人才、销售精英和技术主管。因此，在这一阶段，中小企业要制定集中战略，致力于招募开拓性人才，带领企业开拓业务，加速发展。在初创期，巨人公司迅速招募了一批符合企业要求的高学历人才，为企业发展奠定了智力基础。最重要的一点，虽然处于初创时期，企业也要特别关注企业战略的制定、企业文化的建设和核心理念的推广，尽早在企业中形成自己的价值观，有利于企业的和谐稳定发展。因此，在招募员工时，要特别关注求职者是否认同本企业的企业文化和价值观，是否适应企业工作氛围，能否在企业中发挥潜力。一支志趣相投、目标一致的人才队伍在中小企业的发展初期能够发挥非常重要的稳定作用。所以，在初创时期，企业创立者要召集志同道合的朋友，尽力构建一支"合得来"的员工队伍。史玉柱一直向员工讲述"夸父逐日"的故事，他信奉这种追逐太阳的精神，也鼓励年轻人为实现自己的事业而执着奉献、不懈拼搏。快速发展之后，巨人新技术公司更名为珠海巨人高技术公司，注册资金1.19亿元，有8家分公司，公司员工达到190人。

平稳度过企业创立期之后，巨人公司面临了发展的最大难关——迅速成长时期。这一时期，企业规模有了一定发展，占领了部分市场份额。但是，企业的组织结构、管理模式、相关制度还只能够适应初创期的发展规模和发展速度，大部分中小企业由于没有适应这一阶段的迅速发展，折戟沉沙。只有小部分中小企业能够坚持下来，持续稳定发展。在这一时期，企业要慎重而精准地进行战略转变，不可盲目冒进、急于求成。随着企业战略的变化，人力资源规划也要相应转变了。要想尝试多元化经营，企业必须考虑到人才队伍结构的合理性和全面性，不仅要招募到适合企业的优秀员工，更要使员工队伍的个人特质、多种结构和组织进行匹配，时刻记住保持员工队伍的稳定性。关注核心元老员工，也要注意元老员工与新员工的和谐相处，把握公司政策倾斜的适度性，让他们互相学习，共同进步，迸发积极性和创造性，拧成一股绳，向着企业发展的共同目标前进。

企业文化和价值观的强化培训在这一阶段尤其重要，为了配合企业的快速成长，培养一支对企业忠诚的员工队伍才能为企业的高速发展提供不可撼动的基础。巨人公司在企业文化方面的推广经验值得借鉴，"夸父精神"在巨人公司一直深入人心，公司上下团结一心。因此，在中小企业的迅速成长阶段，要想打破中小企业在迅速成长中"消亡"的魔咒，就要打造一支"万众一心"的员工队伍。

1993年，巨人公司的下属公司已经达到38个，迅速成为中国第二大民办高科技企业，公司员工增到290人。这一年，是巨人公司发展的巅峰。这时，巨人公司进入了短暂的成熟期——经过迅速成长，步入一个相对稳定的发展阶段。巨人公司已经成长为一家规模可观的大企业。但也有部分中小企业没有快速扩张，仍然保持着中小企业的规模。

在成熟阶段，企业的发展重心应该放在提升管理能力和技术水平上。因为在这一阶段，中小企业必须开发和打造本企业的核心竞争力，企业必须致力于选择差异化战略，创造出与其他企业不同的优势。企业的发展要借助于人，所以，中小企业要有策略地招募和培养差异化人才队伍，凸显出企业某一方面与众不同的能力。但是，巨人公司的关注点显然没有放在管理体制和核心竞争力上，史玉柱瞄准了房地产和生物工程领域，试图进行多元化战略发展。但这种爆炸式的全方位发展不是巨人公司能够把握住的，资金和人才无法为继，反而加速了企业进入衰退期。因此，成熟期虽然发展稳定，但是，中小企业也万万不可掉以轻心，如何转型是需要慎重决定的事情，而不是像史玉柱一样得陇望蜀。市场环境瞬息万变，没有准备，就可能危机四伏了。企业必须防患于未然，寻找新的市场突破点，防范企业危机，为企业的转型做好人才储备。这时候，企业要学会"清理员工队伍"，及时淘汰一部分不思进取、人浮于事的员工，尽全力吸纳创造性强、开拓进取的优秀人才。因此，在中小企业成熟期，应当培养一支差异化人才队伍，为企业持续发展注入新的活力与生机。

1995年，巨人公司向房地产和生物工程领域进军，一次性推出电脑、保健品、药品3个系列的30种产品，集团子公司达到了228个，员工扩张到了2000人。由于国际电脑进入市场竞争，电脑行业在这时已经步入低谷。一着不慎满盘皆输，资金链的断裂致使企业发展难以为继，出现亏损，巨人走向了衰落。由于公司管理体制的缺陷，财务危机状况下艰难获得的部分利润，被一些人私吞，公司里违纪违规、贪污挪用的情况层出不穷。巨人公司从内部已经开始瓦解，最终走向破产。

由盛到衰是任何企业发展的必经阶段，但意外的是，因为史玉柱的战略决策失误，使企业的衰落来得如此之快，令人惋惜。创业不易，守业更难。一个企业的生命周期必然存在着繁荣与枯萎，否则百年老店为什么名头那么响呢？可不就是因为在瞬息万变的市场中长久地存活，实在太艰难了。当中小企业进入企业前程的生死关头——衰退期时，必须记住转型与突破。企业能不能持续下去，就看能不能熬过这个阶段，开启新的发展领域，重新焕发生机。

在衰退期，中小企业必须严格把关人才队伍，控制员工的数量、质量和结构，减少冗余，保留核心的精英员工，节省人工成本，提高用工效率，保持人工成本效益。总而言之，衰退期的员工队伍，是一支共患难的精英人才队伍。巨人公司在面临危机时，企业内部问题不断，贪污挪用现象让人触目惊心，显然，这些员工并没有信心和勇气陪伴巨人企业渡过难关。

巨人公司在初创期和迅速成长期都把握住了人才规划的重点，招募到了合适的员工，使企业迅速发展。但是，进入成熟期后，史玉柱希望巨人公司向多元化快速转型，却没有聚焦思想，盲目扩张，忽略了管理机制和人才队伍的发展。战略失败后的内部危机，更是加速了企业的衰败。应对各个发展时期的市场变化和企业目标，中小企业要把握住下面4个阶段的关键词：（1）初创期——"合得来"的和谐人才队伍；（2）迅速成长期——"万众一心"的团结人才队伍；（3）成熟期——"差异化"的开拓人才队伍；（4）衰退期——"共患难"的精英人才队伍。

中小企业的成立与创立者密切相关，有时候可能是脑海中灵光一现的创意，有时候可能是万里挑一的天降机遇，有的时候可能是眼光独到的市场发掘。中小企业在市场竞争中总是处于相对弱势地位，综合实力比不过已经发展成熟的大型企业，产品单一、结构简单、资金薄弱、管理不规范，容易受到创立者个人意志的影响。但是，中小企业的优势也很明显，机制灵活，能够迅速改革创新，抓住机遇成长发展。

中小企业要想在发展中争取优势，必须做好人才储备，这就需要管理者重视人力资源规划这个关键环节。人才是中小企业制胜的法宝，一旦中小企业出现人力资源危机，那么，企业很容易就进入难以为继、有事无人的危险境地。因此，前文着重指出了人力资源规划的重要性。

要想做好中小企业的人力资源规划，必须针对本企业发展的阶段，结合企业发展战略规划，根据四大步骤：准备阶段—预测阶段—实施阶段—评估阶段来进行。当然，在前文的例子中，我们可以发现，华为公司的人力资源规划并不是严格按照这四个步骤层层推进，而是站在战略的高度，从竞争性的角度快速吸纳人才，具有非常大的不可复制性。这一切的选择，我们都要从企业战略出发，选择适用的规划方式和方法。

人力资源规划并不是无用功，企业的管理归根结底是对人的管理，而"人"是中小企业的第一生产力。做好人力资源规划，中小企业才能破除魔咒，走上持续稳定发展的康庄大道！

第4章 伯乐相马，获得人才的诀窍

"非才而据，咎悔必至；非其人而处其位，其祸必速。"这句话出自《三国志·吴书》，道出了人才和人岗匹配的重要性。在实际工作中，一个组织想要达成目标，人才是关键。本章将重点讲述如何获得人才以及招聘过程中应该注意的事项。

4.1 多管齐下：选择适合的招聘渠道

多管齐下，比喻做一件事从多个方面同时进行，或多种方法同时使用。企业组织类似于生命有机体，需要通过"吐故纳新"与外部进行持续的物质和能量交换，以保持自身的活力并提高素质。招聘新员工作为企业增加人力资源总量、改善人力资源结构的主要方式，被广泛采用，那么，如何在多种招聘方式中选取最佳的方案呢？不少企业选择"外部引进"，当然，也有很多企业采用"内部选拔"。到底是外部招聘有利还是内部选拔更好呢？我们不妨先来比较下内、外部招聘的优缺点吧。表4-1可以让我们对内部招聘和外部招聘的优势和劣势一目了然。

表4-1　　　　内部招聘和外部招聘的优缺点比较

招聘方式	具体形式	优点	缺点
内部招聘	主管推荐 内部招标 技术档案信息 接班人培养计划	1. 组织对候选人的能力有清晰的认识； 2. 候选人了解工作要求和组织； 3. 鼓励高绩效，有利于鼓舞员工士气； 4. 组织仅仅需要在基本水平上雇用； 5. 更低的成本。	1. 会导致"近亲繁殖"现象；会导致为了晋升的"政治性行为"； 2. 需要有效的培训和评估系统； 3. 可能会因操作不公或心理因素导致内部矛盾； 4. 可能会导致部门之间"挖人才"现象。

续表

招聘方式	具体形式	优点	缺点
外部招聘	广告招聘 校园招聘 网络招聘 人才办公室及相关渠道	1. 更大的候选人选择空间； 2. 会把新的技能和想法带入组织； 3. 比培训内部员工成本低； 4. 降低徇私的可能； 5. 激励老员工保持竞争力，发展技能。	1. 增加甄选的难度和风险； 2. 需要更长的培训和适应阶段； 3. 内部的员工可能感到自己被忽略； 4. 新的候选人可能并不适应企业文化； 5. 增加搜寻成本。

内部招聘的目标是从已在组织中任职的员工中进行识别和吸纳，这可以激发员工的工作兴趣和积极性。有些时候，内部招聘是满足职位需求特别是中高层职位需求的重要来源。许多企业都特别注重人才的内部招聘，各行各业皆是如此。宏利钢管有限公司也不例外，该公司最近几年在物色中层管理干部上遇到了一些让人头疼的麻烦。鉴于公司主要业务是制造和销售各类水煤气管道，于是，重新组成了两个新工艺制造部门。高层管理者认为新部门的经理有必要了解生产线和生产过程，这样才更有助于他们做出合理的决策。按照惯例，宏利钢管有限公司一直严格地从内部提升中层干部。但问题也就出现在这儿了，这些被提升的员工并不能完全地胜任新的职位，他们缺乏与新职位有关的知识和技能，这无疑成为公司的一大问题！

痛定思痛，公司决定从外部招募，尤其是那些工商管理专业的优等生。通过一个猎头服务机构，公司也确实得到了相当多优秀的候选人，也从中录用了一些，先放在基层管理职位，为以后提升为中层管理人员做好准备。以为这样就可以一劳永逸，完美解决问题了吗？答案显然是"否"。因为两年之中，这些人都离开了公司。无奈之下，公司只好"重操旧法"——从内部提拔，可又碰到了过去同样素质欠佳的老问题。不久就有几个重要职位的中层管理人员退休，空出的职位却没有合适的后继者来填补。这种现象反反复复，摆脱不掉却又始终得不到有效解决，这可愁坏了公司的管理层们。眼看这个问题越发严重，公司发展止步不前，到底该如何走出这种困境，成为公司管理者们当前最关注的事情。下面就介绍几种内部招聘的有效方法：

（1）主管推荐。"人人都是伯乐"，当出现职位空缺时，各部门经理可以提供一些候选人，推荐他们认为适合那个职位的下属。这种方法给予业务经理人推荐的权利，经理人会很乐意把他的部门中工作能力出色的职员推荐给人力资源管理部门，而且他对自己推荐的人较为熟悉，使这种推荐具有可信性。

（2）布告招标。布告招标是企业内部人员的常用方法。与过去在企业布告栏发布工作职位空缺的信息的做法不同，现在已经开始采用多种方法发布招聘信息。在使用布告招标时，要满足以下几条要求：第一，至少要在内部招聘前一周列出所有的永久性工作及任何调动人员的信息；第二，应该清楚地列出工作描述和工作规范；第三，确保所有申请人收到有关申请书的反馈信息。

（3）利用技术档案的信息。现有人员技术档案中的信息可以帮助招聘人员确定人选是否合适，然后，通过与他们接触，从而了解他们是否想提出申请。这种方法可以和布告招标共同使用，以确保职位空缺引起所有有资格申请人的注意。

当然，一般企业会选择内部招聘和外部招聘同时进行，主要是根据公司情况和设定的岗位去定夺。至于外部招聘渠道，一般来说，包括以下几种：（1）广告招聘；（2）校园招聘；（3）网络招聘。

第一种外部招聘渠道——广告招聘也是一种使用很广泛的方法，它可以比较容易地从劳动力市场中招聘到所需要的人才。其传播媒体多种多样，既可以是专业技术杂志、报纸和电视等，也可以是大学校园里的布告栏。广告一方面可以将有关工作的性质、要求、员工应该具备的资格等信息提供给潜在的申请人，另一方面可以向申请人"推销"企业的优势。广告的内容应该真实，虚假的广告会引起员工的不满和日后的跳槽。

小李最近职场得意，逢人都是笑嘻嘻的，因为他刚被聘任为湖北兴兴服装外贸公司人力资源部招聘主管。上班的第一天，就有一项亟待解决的任务等着小李。原来，公司近期与欧美一些国家贸易看好，亟须增加会计和人事专员。另外，原来的总经理秘书刘小姐和办公室行政钱主任刚刚离职，一大堆急需处理的事务就落在了新官上任的小李头上。张经理希望10天内落实人员事宜，这下小李可头大了。小李开动脑筋，最后决定以在《楚天都市报》发布招聘广告的形式完成张经理交代的任务。小李立刻打电话给张经理，张经理回复说："我只要尽快到位，至于采用什么方式，你自己决定。"小李很高兴，当即打开电脑，设计了一份招聘广告，内容如下：

诚　聘

湖北兴兴服装公司是一家集设计、生产、销售为一体的大型服装公司，注册资金1000万元人民币，为民营企业，成立已经10年。因业务发展需要，经武汉市人事局人才市场管理办公室批准，诚邀有志之士加盟，共创未来。

会计主管1名

职位描述：

1. 能独立处理公司账务、会计核算、报表编报、税务处理、审计等其他相关工作；

2. 负责公司成本核算、费用归集，提供成本信息进行成本分析，对异常情况进行判断和处理；

3. 能全面负责公司账务有关的事宜；

4. 负责制定公司各项财务制度，并监督各部门严格遵守；

5. 熟练使用财务软件、办公软件，能够独立完成财务全盘账务处理操作，对各项报表进行分析；

6. 协助出纳做好银行结算、资金数据的审核以及校对资金走向。

岗位要求：

1. 财务会计等相关专业硕士研究生学历，条件优秀者可放宽至本科学历，具备中级职称的优先考虑；

2. 熟悉企业财务制度及流程，精通相关财税法律法规，具有较强的财务分析和内部审计能力；

3. 具有较强的组织、协调、沟通能力，工作细致、严谨，具有优秀的职业素养和敬业精神。

人事专员2名

岗位职责：

1. 利用各种招聘渠道发布招聘广告，发布岗位信息，维护招聘网站；

2. 根据公司业务发展需要，统计各部门用人需求，编制月度、季度及年度招聘计划；

3. 负责简历的筛选及面试的邀约工作；

4. 执行甄选、面试、选择和安置工作。

任职要求：

1. 大专及以上学历，人力资源管理、工商管理类专业优先安排面试；

2. 有一定的抗压能力，有亲和力，有团队意识；

3. 有一定的招聘工作经验者优先。

小李的招聘广告大致上表达了公司的要求，只是随着现代社会的人才竞争战越演越烈，为了吸引更多的高素质的应聘人员，招聘广告的设计是很重要的。小李的招聘广告设计仍有很大的进步空间。一份优秀的广告要充分展示出企业对人才的渴求和企业的自然魅力。一份好的招聘广告应注意以下问题：（1）应有一句使人过目不忘的广告词（如"时尚有方向，风向在兴兴"）；（2）应突出企业标志，必须向猎头公司说明自己需要哪种人才及其理由；（3）应使用鼓励性、刺激性用语（如"时尚风向，由我掌控"）；（4）应说明招聘的职位、人数、所需的任职资格条件，并注明待遇水平。

第二种外部招聘渠道——校园招聘同样是一种很重要的招聘方式。高校作为一个巨大的人才储备库，可谓"人才济济，卧虎藏龙"。提到校园，大家脑海中一定会浮现出"青春""活力四射"这样的字眼。没错，应届毕业生往往想法新颖，紧跟时代潮流，他们是企业重要的新鲜血液。由于现代知识更新速度加快，大学毕业生群体可塑性强，具备很大的工作潜力，企业通过校园招聘能招聘到大量的工程、财会、管理、法律、机械电子、计算机等各个学科的中、高级人才，一些优秀学生经过培训后能够担任更高的职务。因此，每年距离新一届毕业生毕业还有半年的时候，各企业就已经开始酝酿一场"校园招聘大战"。来自全国各地的企业在指定的时间和场馆"摆摊设点"，为前来投递简历的同学提供面对面的交流机会。

1999年，华工科技成立，并于2000年在深圳证券交易所上市。要说华工科技产业股份有限公司（以下简称"华工科技"）的校园招聘，那在华中科技大学举行的某次招聘会可是让人记忆犹新啊！取名为"第一次亲密接触"的招聘会，讲台布置得犹如一个聚光灯照射下的演播厅，迎宾员还会派发彩印的招聘资料和带有企业标志的圆珠笔给提前进场的同学。几位企业高级主管笑容可掬地围坐在玻璃圆桌四周，同学们在进场时都暗自想："这么高大上的招聘会，会不会特别严肃，让人紧张不已？"事实证明，是同学们多虑了。整个招聘会在愉快的气氛中圆满结束。令人惊奇的是，在谈话中，几人用过的纸杯印有企业标志的那面始终朝向听众。每当一位高管在回答提问时，屏幕上即刻就出现他的照片和姓名，这着实让同学们惊叹！主持人提问风趣幽默、高管们回答得轻松得体，不动声色地把企业基本信息连同员工在企业的职业发展前景都展现给了听众。

除了招聘会现场的安排十分精彩、井然有序之外，华工科技在校园招聘开始前做的准备工作也是细致到令人咂舌。他们会提前和学校的就业指导机构取得联系，不和校内其他大型活动及其他名企的招聘会时间撞车；像重视公关活动一样重视校内招聘；招聘用语贴近学生的语言时尚；高层在招聘会上的亮相胜过招聘人员对企业的详细介绍；出现在招聘会上的所有人员都对现场出现的各种情况心中有数，预先作好排练。试问，如果这样的校园招聘都不成功，那还有什么样的校园招聘会取得成功呢？

有效的校园招聘策略不仅可以帮助企业在众多的校园招聘中赢得优秀学子的青睐，而且有助于企业在劳动力市场上塑造雇主品牌，赢得公众美誉，毕竟进入企业的学生是极少数，其他学生未来可能成为企业的员工、合作伙伴或者顾客。校园招聘应注意以下问题：（1）根据自己企业所需要的员工类型来选择学校；（2）提前与学校沟通好各方面事情；（3）必须通过测量学生在学校时的成绩与他们随后在岗位上的业绩，来评价求职者的质量；（4）选派的招聘人员也要合适。当然，也要注意校园招聘中的大学生刚步入社会，对工作期望较高，人员流动性可能会较大；而且，应届毕业生可能会缺乏相应的工作经验。

第三种外部招聘渠道——网络招聘作为一种新兴的招聘方式，以其招聘范围广、信息量大、可挑选余地大、成本低等优势获得越来越多的企业的认可。21世纪是信息技术飞速发展并广泛运用到人们生活方方面面的时代，各种新鲜的信息载体及工具如二维码慢慢进入大家的生活中。网络招聘的应用拓宽了企业获得人才的渠道，为企业和人才之间搭建了一座新的沟通桥梁，使更多的人才能够通过互联网来了解企业的信息，企业也因此接触到了更多的人才。基于此，企业要在新一轮的人才争夺战中占据主动，人才搜寻的视野必须要扩展到全国甚至全球，在此方面，应用高科技信息化技术就显得非常重要，网络招聘也将会赢得越来越多企业的青睐。

美国大都会人寿保险企业成立于1868年，是全美最大的人寿保险企业，在2002年《财富》杂志全美500强排名中列第51位，在全球管理资产超过3000亿美元；至今，已在全球12个国家及地区为超过4000万的保户提供金融服务。大都会人寿保险采取了网络招聘的方式来招贤纳才，从成立至今，吸引了不计其数的优秀人才，为企业作出了巨大贡献。

求职者在参与网络招聘时，要考虑企业所在的行业、产品、地点甚至历史背景等信息来决定是否申请。企业介绍材料要让浏览者了解到企业的品牌和地位，并随着业务发展蓬勃向上，需要吸纳人才加盟等。比如"诚纳英贤志士，共创世纪伟业"；再比如，"邀请您加入一个成功的国际企业，想融入这个充满活力的团队吗？为您提供职业发展的良机"。如果有企业网站，最好给出网址。

惠普公司（HP）就是优秀的一例。惠普公司提供了详细的福利计划，包括开始实施日期、扣除条款以及有关的费用比。在采用网络招聘时还应当注意以下几个方面的问题：（1）网络招聘一定要体现企业对人才的重视，如"以人为本"；（2）搜索简历时保持耐心；（3）注重应聘者的人品和能力，尤其是对贡献社会、成就自我的认同感；（4）收到的网上投递的简历可能会存在虚假信息，要善于辨别。

有研究表明，80%以上的招聘者都会在网络上进行招聘，这的确便利了不少，降低了招聘成本，只是相关人员需要花费大量时间来筛选这些简历。在信息爆炸的时代，网络招聘顺应潮流，成为后起之秀，使得招聘有了更多的方式选择。由此可见，招聘对企业的兴衰有着至关重要的作用，招对了人，并且会用人，企业这叶"舟"就会扬帆远航。

4.2 人员筛选与测试

人员筛选工作是企业科学选拔人才、为企业的发展提供强大人才支撑的动力源泉。在这一过程中，人力资源部选择的筛选方法和步骤至关重要。以下是几种基本的人员筛选方法：（1）简历筛选；（2）面试；（3）人格测试；（4）背景调查。

第一种方法"简历筛选"是最基本的方法，也是筛选人员的第一个基本步骤。

简历是什么？在一场针对在校大学生举办的职业发展规划的讲座上，主讲人武思淼一进门就抛出了这个问题。"'门面''成绩单''名片'……"大家的回答此起彼伏。是的，小武肯定道，简历就是敲门砖，就是求职者与企业第一次接触的形象。拥有多年上市公司人力资源管理实践经验的他对一般企业的人力资源管理系统是再熟悉不过了，很多企业招聘第一步就是筛选简历，就跟相亲一样，只有你"门面"上过得去，你跟公司的关系才会有进一步发展的可能。但是，作为零距离校园招聘的创始人，他亲眼见识过这群所谓的高材生是如何制作简历的，用他自己的话来形容：惨不忍睹！他们的简历，内容要么堆砌烦琐，要么缺乏"颜值"与内涵，有些更"佛系"的求职者会用同一份简历广撒网，只顾自说自话，忽略应聘岗位的相关要求。回想起自己当初坐在办公桌前，被繁多且花样百出的简历弄得眼花缭乱的场景，小武不禁感叹道：对于公司的人力专员而言，要在一堆堆的简历中快速又准确地选出自己想要进一步了解的对象，也是需要一定的勇气和能力的啊！同样，对于求职者，如何提高简历的吸引力、提高简历的"颜值"也是一个难题。

可是，是不是人力专员都根据简历的"颜值"进行筛选呢？答案当然是"否"。富康药业近年来的发展可谓是顺风顺水，这里面当然也少不了人事部这几年一直给公司寻找了大量合适人才的功劳。又到了九月，各企业的应届毕业生抢夺战已经打响。富康也不干看着一拨拨的大学生被其他企业收走，人事部早就下手安排了校园招聘。一份份全国各地大学生的简历纷至沓来，这不禁让人事部主管心里乐开了花。在筛选简历时，小孙就向他推荐了一位看起来很优秀的候选人石磊。这位石磊的简历"颜值"可算比较高了：简历构成清晰明了，除了姓名、性别、籍贯等个人基本资料直接明了外，教育背景、能力资格、工作经历、自我描述及其他期望待遇、对工作环境的期望、应聘动机等客观和主观内容也与空缺职位相关，并符合职位技术和经验要求，简直就是该职位的不二人选。主管听了之后也比较感兴趣，加之相信小孙的办事能力，当场就让小孙通知石磊来面试。

但在后期面试时，小孙却大跌眼镜。他发现石磊并没有简历上所强调的"丰富的销售经验"，事实上他只有几天保健品直销的经历。仔细回想一下，石磊的简历上一直是在夸夸其谈，根本就没有具体列举出几件能证明自己能力的实际事例。想到这里，小孙不禁对选择石磊的决定大失所望。面试完后，小孙立马就去找主管承认了自己的失误，把简历筛选成这样不仅辜负了主管对自己的信任，更重要的是，不仅没有为企业提供合适人选，还浪费了自己和同事的时间，无形之中给公司增加了时间成本，这实在不是一名专业人力资源管理者应该犯的错误。

不过，主管相当理解他的失误，他告诫小孙，年轻求职者在工作经验方面往往会夸夸其谈，像这种把做过几天保健品直销的经历夸大为具有丰富的市场销售经验的不足为奇；为满足应聘职位的要求，把出纳经历夸大为熟悉财务部运作、把协助某个项目演变成主管某个项目，更是家常便饭。别说中国了，就连美国一项资料都显示，有3000万人曾经因为伪造简历而被录用。

主管指出，小孙分析了简历构成、主客观内容，并以此判断了应聘者的经历是否符合职位要求，这些都做得很对，但是，小孙忽视了重要的一点，他没有注意石磊简历是否具有严密的逻辑性。很明显，石磊是一名刚毕业的大学生，简历上提到了大学期间修的主干课程很多，并在寒暑假参加了不少社会实践，但是，又在简历中称其具有丰富的销售经验。一个大学生如何能在学习生活如此紧张的情况下具备丰富的销售经验呢？这份简历显然就有夸大的嫌疑。听到这里，小孙豁然开朗。

最后，主管鼓励小孙，犯这种失误是可以理解的，最重要的是吸取教训，掌握好筛选简历的几个要点：分析简历构成并重点看客观内容，判断其能力及经历是否符合职位技术和经验要求；同时，要注意审查简历的逻辑性，必要时重要职位的招聘可以跟踪应聘者的信息，以确定其应聘资料的可信度。做到以上几点，简历筛选的结果就会比较称心了。

第二种方法"面试"是通过书面或面谈的形式来考察一个人的工作能力，通过面试，可以初步判断应聘者是否可以融入自己的团队。

雅虎是美国著名的互联网门户网站，也是20世纪末互联网奇迹的创造者之一。曾去雅虎应聘过的Angie回忆说，雅虎安排的面试是非常体贴人心的："他们想得实在是太周到了，我就怕工作时间接到他们的电话，没想到是我自己多虑了，在正式面试之前，他们安排了电话交谈，而且还把时间设定在晚上及周末，考虑到了我们平日上班的不方便之处，而且整个交谈都很轻松愉快，让我还没有面试就更加想要加入他们中去。"

有些公司的人力资源管理者认为电话交谈的作用并不大，因为他们觉得打电话时双方只听得到声音，一些重要的信息不易被甄别出来。其实，这种认识有两个误区：一个是选择的时间不恰当，像雅虎这样把时间安排在大家都方便的时间，充分考虑到了那些求职者的不便之处，使得整个交谈过程既不仓促，又避免了受到其他工作因素的干扰，最重要的是营造了一种舒心愉悦的氛围；另一个是设置的问题不当。关于电话交谈的内容，Angie反映，也基本上都是些基本问题，就是确认了简历中的一些内容，询问其工作史和现在工作的职责；接着，由所应聘部门的同事介绍其应聘的工作岗位，初步判断其个人兴趣与此岗位是否符合。据统计，雅虎电话交谈的筛选率约为50%，这在一定程度上比某些公司的一轮面试的筛选率还高。这样，既节省了应聘者的时间，也大大提高了公司的办事效率。"我曾经也去参加过许多这样的面试，面试当天，我一早起床花了好长时间赶过去，就为了那十几分钟的一轮面试，在那等上近半天的时间；雅虎的电话约谈就完全不同，不用挤公交，不用排队等待，双方还交谈甚欢，最后双方都感觉比较满意。"

另外，雅虎的面试也是很有创意的。"那次面试是在玻璃房子中进行的，我刚进去的时候完全不习惯，觉得自己的一举一动都被暴露在大众的视野中，但听说这就是雅虎的文化，公开透明，所以，也算是次小小的对环境适应性的挑战吧。其实，我还是比较希望以后的工作环境就是这样的。"

"我进去时感觉自己不像来求职的，倒像是来享受一次服务的。面试时坐的桌子是圆桌，给人一种平等的感觉，立刻就让我有想主动交流的欲望。不像有的企业那种长桌子，你在这边，一群面试官远远坐在另一侧，记得之前有的面试都没有摆放桌子，只有一把椅子。茶水、咖啡、纸巾等都给我们摆放在了触手可及的位置上。电话、电源、网线等也都很齐备，早已帮我们调试好，这里的资源完全足以让我们展现自己，根本不用担心因外在条件的准备不足而影响自己水平的发挥。"

"面试开始之前，相关工作人员明确告知了我们具体的面试步骤和安排。面试正式开始时，我发现包括用人部门在内的有关决策人都在场。很明显，他们的人力资源部早就进行了内部沟通和协调。仅仅半天，我们一起去参加面试的人员都被面试完毕。面试过程中，招聘小组的人员总是面带微笑，气氛轻松愉快，整个面试就在我们的'说说笑笑'中结束了。"虽然 Angie 最后没有被雅虎公司所聘用，但令人欣慰的是，她与其他参加面试而暂时没有被聘用的应聘者都收到了雅虎发来的感谢信，信中感谢了她对公司的诚意和为进入公司所做出的努力，并承诺愿意将其资料存档，以备将来有合适职位时再联系。有的同伴打电话过去询问了原因，公司也都坦诚相告其淘汰原因，并希望他们能不断进步。与以往的失败经历不同，这次虽然失败了，Angie 丝毫没有觉得自己浪费了时间，反而觉得自己和雅虎有了一次更亲密的接触，并对雅虎的面试有着深刻的感触："雅虎的做法很职业，在整个的人员筛选过程中很尊重我们，对我们一视同仁。"这次的经历让她下定决心，以后有机会依旧要再试一次。

在优秀人才短缺的今天，与其像某些企业一样一直呼唤人才、寻找人才，还不如像雅虎这般脚踏实地为吸引人才、留住人才做点什么，只有这样，人才才会蜂拥而至，才会在此生根发芽。那雅虎的魅力为什么如此之大呢？可以看出，雅虎公司的面试具有三个特点：周到而细致的电话交谈；轻松而高效率的面试；善意客观的结果告知。可见，面试真的是一门艺术，面试开展得好，无论聘用谁，都会无形中为企业吸引到更多的人才。因此，面试的顺利开展对企业获得人才的重要性不言而喻。从表 4-2 中，你可以看到一些关于面试过程、面试决策以及面试技巧的信息，肯定会对企业面试的开展有所帮助。

表 4-2　　　　　　　　　　面试过程及其具体内容

过程	具体内容	举例说明
面试过程	建立融洽关系	"今天的天气真冷（热），是吧？" "怎么过来的？路上交通还算顺利？"
	相互介绍	"请介绍一下你的家庭情况。" "请简单讲述一下你的受教育背景。"
	核心提问	"你认为你所应聘的岗位在公司有什么样的作用和意义？" "对于所应聘的岗位，你认为你有哪些优势？应该如何发挥？又有哪些不足？应该如何改进？"
	确认	"刚才我们已经谈了在该职位上有优异表现的人的具体事例，那么，你认为他们身上都表现出来哪些同样或类似的东西？" "刚才你谈到了管理风格，那么，什么样的管理风格是你所欣赏的？"
	结束	"你能再举个例子证明你在××方面的技能吗？" "还有什么要补充说明的吗？"
面试决策	总结信息	填写面试记录和面试评价表
	最后决策	可采取"体操评分法"：当场打分后，去掉 1 个最高分和 1 个最低分，取要素分数的平均值，按权重合成总分，以保证面试的公平性
	对本次面试的自我评价	面试人员对本次面试中自己的测评方法和测评内容作出评价
面试技巧	提问技巧：恰当提问，灵活运用多种提问方式	重复性提问："你是说……" 确认性提问："你说的……是有道理的，但是，从……的角度讲，你的意见是……"
	学会倾听，学会沉默	仔细倾听应聘者的陈述，在这段时间里，面试人员可以沉默不语，也可以时而点点头，时而发出鼻音 观察应聘者的反应，抓住关键之处，做进一步的提问
	注意非语言信息	观察应聘者的面部表情：面部涨得通红，不敢与面试人员对视，或者目光暗淡、双眉紧皱等
	注意提问内容不偏离主线	提问的内容应该与工作有直接的关系，不要提与工作无关的私人问题

第三种方法"人格测试"用得比较少，只有对某些判断不明的人才会用到。怎么是"判断不明"呢？有些人我们感觉还是有能力的，但是性格上不是很符合我们的要求，所以需要做一些性格测试，看是因为紧张导致性格表现跟平时有差距，还是本身性格就是这样的。"知人知面不知心"，认识一个人是容易的，但是要想了解一个人的内心是相当困难的。同样地，对于企业而言，通过简历和面试的筛选形成对求职者的初步认识是容易的，但是，要了解他们的心理活动规律就不是那么简单了。尤其是人格特质，在日常工作中并不容易被观察到，但却深刻地影响着员工的职业发展以及与其他人的互动。

作为公司海外地区的一名一线销售人员，小刘的工作内容主要是负责地区的销售工作。经过三年的辛勤工作后，由于销售业绩突出，小刘被破格列为区域经理候选人之一。在公司的新任管理者选拔项目中，小刘第一次接触到了传说中的职场大五人格测评。

什么是大五人格测试呢？与按照人们可以做的事情对其进行分类的能力测试不一样，人格测试就是按照个性的差异进行分类。人们将普遍认同的能反映个人人格的一般心理倾向的五个因素——开放性（openness）、责任心（conscientiousness）、外倾性（extraversion）、顺应性（agreeableness）、神经质（neuroticism），称为"大五人格"。从表4-3中，你可以看到每个维度的子特质，它们可以帮助我们发现更多关于这个人格特征的信息。

表4-3　　　　　　　　　人格特征的五个主要维度及子特质

	1	2	3	4	5	6
开放性（O）	想象力	复杂性	变化性	注意风格		
责任心（C）	完美主义	系统性	内驱力	专注性	计划性	
外倾性（E）	热情度	社交性	活力	支配性	信任他人	世故性
顺应性（A）	顾及他人	宜人性	谦逊性	保留性		
神经质（N）	焦虑	紧张度	解释方式	恢复时间		

备注：低（-）；中（=）；高（+）

很遗憾的是，最终小刘没有被提升为区域经理。他不禁感到愤愤不平，被提升的小李明明和自己的销售业绩差不多，甚至在团队里的人缘还不如他好，他实在不能理解自己为什么会落选。于是，他找到大区经理，询问自己到底哪里不如小李。看着一脸委屈的小刘，大区经理解释道："你们两个人的销售业绩和工作表现都很突出，但是结合大五报告，我们一致认为小李比你更适合担任区域经理一职。"原来，小李的大五报告显示，小李是很优秀，他是一个充满好奇心和想象力的人（O1＋），当被公司派到国外任职时，他的想象力和探索精神可以激发他对工作的更大兴趣。此外，大五报告还显示：除此之外，小李是一个积极乐观（N1－）的人，喜欢和人打交道（E2＋），爱交朋友，待人热情（E1＋）、精力充沛（E3＋），且具有一定的专注和规划能力（C4＋，C5＝），这些结果都显示小李能够很好地完成公司交给他的海外销售任务。

但是，小刘似乎更倾向于自主、独立完成目标（E4－），不太倾向于支配他人去帮自己完成任务，而带领团队共同协作完成目标是区域经理的必备能力之一。另外，虽然小刘喜欢与人交往，但小刘对他人的信任度较低（E5－）。做事、为人谨慎固然是好的，但是，如果对他人信任度低意味着，他需要比其他人花更长时间去了解并观察他人是否值得信任。而区域经理将带领的是一只跨区域的团队，很多下属不会整体围绕在他身边，没办法让他直接观察，除非小刘整天在各地区奔波，主动跑去与下属沟通，但这会占用他很多处理其他事务的时间。此外，目前这个团队人员流动率比较高，如果有一个不太信任下属的区域经理，不但不利于稳定军心，还会削弱员工对组织的信任，增加人员的流失率。所以，综合考虑，在销售业绩差不多的情况下，评审团最终选择了不如小刘那么待人热情（E1＝）、领导意愿更强（E4＋），并会花较少时间去考察他人（E5＋）的小李来担任区域经理一职。

捷达是一家小型工业企业，在今年春季的招聘中需要测试几位候选人的领导能力，于是他们设计了这样一个任务：在一间工作室里，要求候选人将不同尺寸、形状各异的木块，在10分钟之内拼装成一个2立方米的立方体。这时，恰好路旁有两位工人，于是，他们就被叫进来帮忙。而实际上这两位工人不是恰好路过，而是专门派去制造麻烦的人，他们绝对尽职，但是常常帮倒忙，有时还很粗心，有时也会抱怨，发泄情绪，说一些难听的话。招聘者就在一旁观察，必要时对候选人从事的简单工作给予消极评价，使他心理上受到挫折，进而在观察他们操作能力、组织协调能力的同时，考察他们的心理承受能力和应对挫折的能力。最后，候选人们果然以不同的方式处理了上述情况。有的自己动手拼装，让其他人走开；有的成了独裁者，对工人指手画脚；有的干脆放弃了领导的角色，听从指挥。很轻易地就可以发现，许多人在这种简单又紧张的过程中逐渐失去了掌握全局的领导能力。类似根据实际工作任务设计的人格测试、模拟测试还有很多，招聘者可以根据应聘者们的行为表现推测其性格或心理活动，从而对他们有进一步的了解，以此推断候选人们是否具备招聘岗位需要的能力或潜力。

第四种方法"背景调查"是企业在用人环节中必不可少的招聘流程。特别是对于重要岗位的招聘，背景调查显得尤其重要。

又是一年招聘季，王琦所在的北京华宁高端房地产有限公司也正在紧锣密鼓地准备着这一场抢人才"大战"。与往年不同，今年的招聘环节中多出来一个背景调查环节，而且是集团副总裁亲自嘱咐过的一个必要环节。为什么会多出一个环节呢？新上任的招聘主管王琦知道其中的原委。

2016年，集团财务部花费很大的精力招聘了一名会计主管，入职以后由于该员工的工作能力与岗位要求严重不符，给公司造成了一笔不小的经济损失。前任招聘主管回顾了一下这位会计主管的招聘全过程：他的简历、初面、笔试以及终面环节表现得都很优秀，尤其令人印象深刻的是，他有很多大企业会计主管的工作经验，令人遗憾的是，这些所谓的工作经验很多都是虚构的，公司没有去认真核对这些信息。

分管人事的集团副总裁一怒之下辞掉了招聘主管和会计主管，由王琦接任招聘主管一职，并且嘱咐王琦一定要做好背景调查。为了做好这项工作，王琦专门查阅了相关资料，了解到了背景调查的一些知识，其中包括背景调查的内涵、意义、途径、内容和注意事项。

人力资源管理实践中的背景调查是指企业通过某种合法、合理的途径来对候选人所提供信息的真实性进行检验的一个过程，是对应聘者的入职条件和胜任能力等相关信息进行核实验证的总称。关于为什么需要做背景调查，不同的行业有不同的目的，但是，总结起来有以下两点共同的目的：一是为了做到知己知彼，在员工入职前做好背景调查，不仅可以了解员工的能力和品行，有利于团队作战，还可以保障企业商业利益和组织正常运行。二是为了排除潜在的风险。任何企业在不知情的情况下聘用员工或者合作伙伴，影响深远，正所谓"成也萧何，败也萧何"，甚至可能因此摊上不必要的法律纠纷，损害企业经济利益。

既然背景调查如此重要，那么，它的具体内容包含哪些呢？一般情况下，可以分为表面信息调查和潜在信息调查两类。表面信息是指应聘者在简历中所提及的相关证书和经历，主要包括身份证、学历证、资格证书等；而潜在的信息包含职场表现和个人信用两个方面,职场表现主要是指应聘者的工作履历和工作能力以及相对应的为人处世,个人信用主要是指信用记录和商业利益冲突。

中小企业应该根据所在公司规模和具体对象,确定不同的调查项目。这些调查项目又可以从哪里获得呢?应该怎样去进行调查呢?

针对中小企业的特点,可以采用咨询同行业的熟人以及人力资源部门去调查这两种途径。一般来说,每个行业会有相对稳定的圈子,而圈内人是彼此相互了解的,向同行业者了解情况非常便捷,但是,要注意排除主观情绪的影响,要兼听则明。如果无法通过圈内人去了解,人力资源部门可以去应聘者曾经工作或者学习、生活过的地方打探消息。

上面我们已经了解了背景调查的含义、重要性、途径和内容,那么,在实践中我们应该如何开展背景调查呢?首先,我们要针对不同的岗位和人员制定背景调查表;其次,在正式调查之前要告知对象我们需要开展背景调查,要求对象提供"背调人"的一些信息,并在背景调查通知上签字;再次,依据背景调查表向"背调人"询问,获取相关信息,形成文字资料;最后,就不一致的信息再次求证。

4.3　知人善任:人员的配置

在实际工作中,我们经常听到很多部门主管在说:"人力资源部门怎么做事的,新招的××这么闹腾,适合待在这么严谨的部门吗?"的确,这是一个很严重的问题。当我们通过各种手段找到了优秀的人才,如何安置人员,做到人岗匹配就是下一步的重点。这就涉及人员配置的问题。

人员配置是为了创造组织效能的有利条件而从事的获取、运用和留任足够质量和数量劳动力队伍的过程。人员配置是一个动态的过程,但人员配置模型可以更加充分地表达与描述配置组织人力资源相关的丰富内容。人员配置模型最终会有哪些内容呢?接下来,让我们一探究竟。首先,配置最浅显的一个内容就是水平数量的对等。组织作为一个整体,需要预报劳动力数量要求,然后,将此与预计的劳动力可得性进行比较,看员工人数是否合适,以决定组织合适的人员配置水平。

亳州古井大酒店是一家集 SPA 沐浴、名仕餐饮、格调客房、概念休闲、养生保健为一体的高级综合性假日休闲酒店。由于服务行业的特点，存在客流高峰与低峰之别，当客流高峰时，往往存在客人来了、没有人接待的现象；而当客流低峰时，往往是一个客人来了，好几个人围着服务，导致客流高峰期间，宾客满意度极低，员工忙得团团转也会出现接待不周；客流低峰期间，员工都闲置着无所事事。为了解决这个问题，主管人事的张经理没有少费心思。可是，他想出来的招数都没能很好地解决上述的问题。最近，他准备就此问题向合肥工业大学的杨教授请教。听完老张的诉苦，杨老师认为：解决高低峰期的人员配置问题，最重要的一点就是要针对不同的接待情况配置不同数量的人员，即高峰期时配置人员多，低峰期时配置人员少。在酒店实际操作中，就是要将工作的班次设定好，根据宾客高峰期的不同时间段，排开不同的班次，如分为早、中、晚三班，不同班次的人员配置不同，既可以解决酒店需求问题，也可有效降低酒店的人工成本。

其次，人员配置的潜层次便是人岗匹配了。在招聘时，我们常常听到招聘人员说："这个人交际能力太差，不适合做销售代表""这个人有房地产策划经验，正是我们需要的""他拒绝来我们这儿，他接受不了经常加班出差"。招聘与甄选的核心就是人岗匹配。在这个模型中，工作具有与之相连的任职要求和报酬，而个人具有特定的资格，在人员和职位之间达到一个较高的匹配度，可以优化人力资源匹配的结果。在中小企业内部有各种各样的员工，他们的素质、作风、特点都各不相同，这就要求中小企业管理者能够识别这些差异，根据员工个人的特点，适才而用，用其所长。金无足赤，人无完人。任何人都有长处和短处，人们的短处和长处之间没有绝对的界限，许多短处之中蕴藏着长处。

清朝有位叫杨时斋的将军，他认为凡军营中的士兵都是可用之才。聋子可以安排左右做侍者，不会泄露重要的军事机密；哑巴可以派去传递密信，一旦被敌方抓住，除密信外，根本不会问出什么东西；瞎子往往听力特别好，可以命令他伏在阵前，听敌军的布防动静，担负侦察敌情的任务；瘸子可以让他守护炮台，他能坚守阵地很难弃阵逃跑。这个理论虽然有夸大其词的一面，但也从一个方面告诉我们用人要善于用人长也要善于用人短，根据每个人的特点安排最合适的岗位，才能发挥人力资源的最大效用。

让我们来总结一下，要做到这些，应该注意以下几个问题：其一，所在的企业、团队需要什么类型的人员，应该具备哪些特质或优点；其二，在招聘的过程中，应该把这些企业需要的特质类型表述出来，并对应聘的人员的气质类型进行归类；其三，做好人岗的匹配，仔细分析岗位所需与人员的表现，实现两者精准匹配。

最后，人员配置的核心层便是人与组织匹配了。组织要求个人不但适合工作，而且还要适应组织。同样，员工在考虑自己是否适合特殊的工作任职要求和报酬之外，还考虑自己是否适合在某个公司工作。这些匹配点有：组织价值观，新工作职责，多样性工作和将来的工作。

比如，组织价值观是组织对员工要求的理想态度和行为标准，如诚实、正直、勤劳、宽容、成就感、努力工作、公平以及关注同事和顾客。像从事服务业的公司，它就要求员工能宽容待人，勤劳踏实，积极向上，能从工作中找到自己的成就感。

所以，要求中小企业的高层管理者能够做到知人善任：遇事爱斤斤计较的人，可以安排他负责考勤；爱挑毛病的人，安排他负责质量监察；能言善道的人，不妨让他做公关。人的长处固然可贵，而从短处中发掘长处，由善于用人之长升华到善于用人之短，让每一个人发挥他的效用，充分认识、利用中小企业员工的优势和特点，准确使用人才，让员工与职位相匹配、与组织相匹配，才会给中小企业带来蓬勃发展的生机。

4.4　评估与审核：我们找到对的 Ta 了吗

我们经过一系列的环节为企业招聘了人员，这些人员是否真的如我们所愿，能和企业一起发展壮大呢？我们招聘付出的成本和所得的回报是否成比例呢？此次招聘有哪些值得我们学习借鉴、哪些需要注意改正的地方呢？如何来回答这些问题，招聘的评估与审核能够给我们提供一定的思路和方法。

有一个农场，因捕鼠科科长离职而造成场内鼠患成灾，农场总经理命令人力资源部经理，5天之内招一个捕鼠科科长回来，否则走人。人力资源部经理接到这个指示后，回去赶紧就写了一张小红纸条，贴在了农场的大门口，上面这样写道："本农场欲招捕鼠科科长一位，待遇优，福利好，有意者请来面试。"

第二天，农场门口来了这么7位应聘者——鸡、鸭、羊、狗、象、猫、猫头鹰。第一轮筛选是学历筛选。鸡、鸭分别是北京大学和清华大学的优秀毕业生，当然过关；羊和狗是大专毕业，也过关；猫和猫头鹰是高中毕业，人力资源部经理皱了皱眉头，也过关了，结果，第一关淘汰下来只有1位，那就是只读到小学二年级的象先生。第二轮是笔试。这当然难不倒大学本科毕业的鸡和鸭；羊因为平时勤勉，也勉强过关了；狗呢，上学的时候不大认真，碰到这些题目是有些为难，可是它在这么短短的一会儿时间内，已经给主考官鞠了6个躬，点了9次头，所以也过关了；猫头鹰本来是不会做的，可是它眼力好，偷看到了，所以，也"抄"过了关。只有猫因为坚持原则，不会做就是不会做，所以，这一轮被淘汰的只有猫一个人。

第三轮是面试，总经理、农场场主和人力资源部经理3个人坐在那里，应聘者一个接一个地进来。第一个问题是："请你讲讲你在捕鼠方面有何研究、有何造诣？"第一个是鸡，它一进来就说："我在学校时是学捕鼠专业的，曾经就如何掌握鼠的习性与行动方式写过一本著作。"三个人一碰头，这个好，留下了。第二个进来的是鸭，它说："我没有发表过什么著作，但是，在大学期间，我一共发表了18篇有关鼠的论文，对于鼠的各个种类，我是了如指掌。"这个也不错，也留下了。第三个进来的是羊，羊说："我没有那么高的学历，也没有发表过什么论文、著作。但是，我有一颗持之以恒的心和坚硬的蹄子。你们只要帮我找到老鼠洞口，然后我就站在那里，高举着我的前蹄，看到有老鼠出来我就踩下去，10次当中应该会有两三次可以踩死，只要我坚持下去，相信有一天我会消灭老鼠的！"三个主考官被羊的这种精神感动了，于是也录取了羊。第四个进来的是狗，狗一进来就点头哈腰地说："瞧三位慈眉善目的，一定都是十分优秀的成功人士……"一顿马屁狂拍，三个人被拍得晕晕乎乎的，最终也录用了狗。最后一个是猫头鹰，没有高学历，没有什么论文著作，唯一的成绩就是从事捕鼠一年多来抓了五六百只的田鼠，但是又不会拍马屁，又长得一点都不讨人喜欢，所以就被淘汰了。至此，整个招聘活动结束了，大家可以看到的是，真正会捕鼠的猫、猫头鹰，都被淘汰了。这个招聘是结束了，但是结果呢？当然是失败的。

我们在进行完招聘的招募、选拔与评价、录用与培训工作后，就需要对整个的招聘活动以及每项工作进行评估，以对我们所做工作的完成情况进行总结，并不断地改进和提高。综合评估，顾名思义，是指对招聘过程中的招聘来源、招聘方法、人员配置等方方面面进行评估，是招聘小结的具体实质性的内容。

综合评估一般可以使用一些客观因素或指标来进行评价,一个比较详细的招聘评价指标体系如表4-4所示。

表4-4　　　　　　　　　　招聘评价指标体系

评价指标	二级评价指标
一般评价指标	补充空缺的数量或百分比
	平均每位新员工的招聘成本
	业绩优良的新员工的数量或百分比
	留职至少1年以上的新员工的数量或百分比
	对新工作满意的新员工的数量或百分比
基于招聘者的评价指标	参加面试的数量
	被面试者对面试质量的评级
	推荐的候选人被录用的比例
	推荐的候选人中被录用且业绩突出的员工的比例
	平均每次面试的成本
基于招聘方法的评价指标	引发的申请数量
	引发的合格申请的数量
	平均每个申请的成本
	从方法实施到接到申请的时间
	平均每个录用的员工的招聘成本
	招聘的员工的质量

招聘活动小结一般是在招聘活动结束后,对整个招聘工作的记录以及进行相应的分析。撰写招聘总结应遵循以下几个原则:(1)真实客观原则。真实、客观地记录下招聘的全过程,不掩盖缺点和不足,不夸大成绩。(2)由招聘主要负责人亲自撰写。(3)明确指出成功之处和不足之处并做出客观的评价,有利于以后招聘工作的开展和效率的提高。

招聘小结的主要内容包括:(1)招聘计划简述。招聘计划是在人力资源规划之后,实施招聘活动之前产生的,在这里只须说明招聘岗位名称、数量、招聘计划何时完成、人员何时能够到位、招聘工作由哪个部门负责实施等。(2)招聘进程。招聘进程则以时间表的形式描述招聘与录用的时间安排与落实。(3)招聘结果。招聘结果记录每次通过测试的人员的数量和最终录用决定。(4)招聘经费。该部分内容介绍招聘费用的使用和支付的情况。(5)招聘评定。该部分实质上就是招聘综合评估的结果，其中，既要总结出有借鉴意义的成功经验，也要客观地指出招聘工作中存在的不足之处。招聘小结完成后，招聘负责人应该将其交给参与招聘活动的人员阅读和学习，使之全面了解已经进行的招聘活动，同时妥善保存，以供随时查阅。

在做招聘评估时，很多公司经常漏掉了针对竞争对手的招聘总结，搜集竞争对手有价值的情报，包括策略、计划、工作方法及人员资料等。竞争对手的情报能使我们在其下一次的招聘活动开展之前，更好地抗衡竞争对手。招聘方面的情报通常是：(1) 最优秀的求职者为什么向竞争对手申请工作，而不愿意向我们申请？(2) 求职者为什么查询竞争对手的公司网站？(3) 若求职者不来我们公司求职，他们会转向哪家公司？我们公司与其他公司之间的薪水差额是多少？(4) 我们公司在招聘中最终获胜的因素是什么？哪些因素促使一些求职者最终选择竞争对手提供的职位？(5) 影响我们公司招聘工作的不良因素是什么？(6) 在竞争对手的广告、网站及其他招聘方式中，哪一项对求职者的影响最大？

第5章 培训是提升员工素质与能力的重要方法

21世纪是一个注重速度的时代,企业的高速变化对员工提出了更高的要求。为了适应这种高速变化,企业必然对员工进行适当的培训。员工培训是企业留住人才、提升员工能力的重要途径,同时,也是增强企业竞争力的核心手段。正如松下幸之助所言,"打败竞争对手最有效的手段就是比对手学得更快",企业只有在提升员工能力的前提下,才能实现企业的发展目标。

5.1 如何搭建培训体系

"麻雀虽小,五脏俱全"这个成语想必大家都非常熟悉了,意思就是说事物的体积或者规模虽然很小,但是具备的内容和功能却很齐全。

对于20世纪90年代开创的劳动密集型企业来说,公司盈利的关键点是依靠人口红利。公司的老板竭尽全力地去缩减成本,更不必说给员工提供培训课程了。安徽省桐城建筑材料有限责任公司也不例外,老板蒋嘉添也一贯秉承着这一原则,经营着旗下的几家子公司。制砖厂是其中的一家子公司,公司负责人蒋志同是老板的好哥们,他们的一个共同点就是"抠门",不愿在员工身上多花一分钱。21世纪伊始,制砖厂赶上了国家大力建设城市的好时代。加上砖厂生产的红砖质量过硬,那时候的砖厂没日没夜地开动机器,上班的人也被分成了两拨,人和机器都不停歇。不到2年的时间,这个制砖厂就红遍了桐城市,就连周边县城的施工单位都到这里预订红砖。工厂带来了丰厚的利润,老板手拿大哥大,开着桑塔纳,那叫一个春风得意。不到3年的时间,市场出现了自动化的流水生产线技术,当人们都以为他不会引进这门新技术的时候,蒋嘉添竟然一口同意了。按照一般的道理来说，升级生产设备需要对一线员工进行技术培训，但蒋嘉添说，不用培训，让师傅给你们演示一下，照葫芦画瓢，反正生产出来的都是砖头。由于员工太多，当天演示的时候又比较匆忙，有的生产工人还没明白怎么回事，演示就结束了。试产的头几天生产出来的砖头质量马马虎虎，黏土和煤的配比也是工人自己照经验定的。就在升级设备半个月后，制砖厂被查封了，原因是一家施工单位用该厂红砖造的房子倒塌了，还压死了一个人。经过当地工商局检查，发现红砖存在部分质量问题，没有达到建筑用砖的要求。于是，砖厂被查封，蒋嘉添和蒋志同也被刑事拘留。这一拘留也给旗下其他子公司的经营造成了巨大的打击，不到一年时间，桐城建筑材料有限责任公司便悄无声息地倒闭了。

一时的成功可以归结于一个时代的发展，长久的兴盛则需要依赖于良好的管理。蒋嘉添的失败与其说是运气太差，不如归结于他一时的"节省成本"。可见，培训很贵，但不培训更贵。既然这样，是不是只要舍得花钱给员工提供培训就可以了呢？

事情并不是想得这么简单。2003年，广州市人蒋林创办了淘爸服务贸易公司（以下简称"淘爸"），主营国外原装产品的代理销售以及市场的维护和开拓。淘爸的先机意识让其一下子占领了广东地区的市场份额，继而拓展到整个珠三角地区。淘爸所代理的产品包括电子、食品、奢侈品等，实现了多元网格化发展。特别是2008年国内爆发的"三鹿奶粉"事件，使得淘爸代理国外奶粉这一项服务呈现出爆发式增长，公司下设100多位区域代理，年代理额近30亿元。

然而，好景不长。随着国家对奶制品领域的治理，国内对国外奶制品需求量不断下滑，给淘爸的代理市场造成了致命的打击。可能现在再提及淘爸，知道的人已经寥寥无几了。21世纪初的蒋林眼光敏锐，抓住了市场的先机，是他能够成功的原因之一，然而，在员工培训方面则是问题多多。与其说是企业管理不善埋没了淘爸，不如说是员工培训不当造成了淘爸的衰亡。

淘爸的重要事务一般都是蒋林亲手抓，最令人头疼的是其在决策过程中过分依赖个人的偏好，培训内容单一、缺乏激励、课程安排无规律。许多优质的代理项目就是丢在蒋林培训模式下培养的销售员手中，导致很多著名品牌都撤销了他们授予的代理权。

一位曾经供职于淘爸的HR这样回忆道，淘爸的培训向来都是老总的个人课堂。他说，老总的创业经历成了淘爸培训不变的内容，每一位参加培训的片区经理都要学习他的传奇经历。培训压根没有任何制度可言，可以这么说，老总什么时间想起来没有讲课了，就把片区的经理从各地召回来。记得有一次，正值产品代理续约的关键时期，蒋林强硬地把每个经理召集起来听他的培训。其中，河北的一位片区经理没能及时赶到，结果被他果断地辞退了。他说，我的讲课永远比代理权重要，不参加听课的一律扣除绩效奖励。

从这以后，部分优秀的代理商慢慢从企业中离职，他们不但带走了业绩，而且带走了许多公司的客户。留下的部分经理不是不想跳槽，而是他们觉得跳槽干什么，反正现在不用开拓市场也能拿不少的工资，只要准时参加培训就可以了，多轻松。不得不说，蒋林确实是一个自恋又好面子的人，即便在公司生死存亡之际，仍然给来参与培训的经理极好的待遇。片区经理的收入包括：绩效工资、岗位工资和年终奖。其中，年终奖就是以参加培训的次数来确定的。每位经理每年的年终奖比绩效工资高出很多，由此也造成了经理们"不用跑市场也能赚钱"的错误意识。另外，来公司参与培训的经理还可以入住豪华的酒店，享有奢侈的工作餐和高端的旅游，这一切看上去都是那么的美好。

在这样的培训机制下，不可能培养出优秀的片区经理为公司所有，片区市场的不断萎缩和代理权的锐减让淘爸瞬间瓦解。如果说淘爸的辉煌是一个时代的偶然，那么淘爸之死就是一种必然了。蒋林自身创业经历的培训讲堂，在如今变幻莫测的商场，是极其不合理的。可见，培训体系对企业的兴衰有着至关重要的作用，培训不当、体系不全，给企业带来的损害是不可估量的。培训科学合理，体系健全，情况可能会变得截然不同。

提到陈湖文，大家可能不太熟悉。可是，当提到晨光，想必大家都能耳熟能详。上海晨光文具股份有限公司（以下简称"晨光"）成立于20世纪90年代，由一开始的贸易代理做到了今天集团化的发展模式。看似一切都很美好，其实，成功背后的艰难困苦只有陈湖文心里最清楚。作为晨光的创始人之一，陈湖文始终没有离开"笔界"。说到公司的发展，陈湖文如数家珍。他说，晨光就像是我的孩子一样，从一开始的做贸易，到21世纪初的事业部制的改革，再到2008年之前的渠道和品牌化建设，走差异化经营战略模式，直至2012年的集团化发展，如今又准备迎接新一轮的变革与创新。每一个发展的阶段都有难题，目前，最让陈湖文头疼的就是企业员工的能力和态度没有跟上公司变革与创新的发展步伐。他也做过调查，发现了问题的根源在于企业的培训体系滞后了。可是，怎样去重新构建一个适合的培训体系，他一头雾水。通过多方打听，他终于物色了一个合适的人选。

戴青，新加坡籍华人，曾任埃森哲大中华区人力资源总裁、纽海信息科技有限公司人力资源总裁，对变革时期的人力资源管理有独到的见解，以犀利的眼光打造的人力资源管理体系曾帮助公司几度度过变革期。但是，公司其他董事和高管们对此非常担忧，他们说："戴青女士是一个优秀的人力资源管理者，但是，她之前从事的行业和我们的毫无关系啊。"陈湖文先生并没有在意，仍然果断地把戴青挖过来，并委以副总裁兼集团人力资源总监这一职位。戴青对市场变革和创新具有极其敏锐的眼光，她一上任做的最重要的一件事就是给晨光股份有限公司的高管们上了一堂题为"以培训破解发展困境"的课。接下来，戴青主要围绕公司战略、内外部环境和培训体系做了一系列工作。她终于打造了一个基于公司业务成长和高素质团队塑造的培训体系，该体系又包含了战略培训、运营培训、制度培训和资源培训四大系统。该系统以分层、分类、突出重点为特点，以规范运行、持续改进为原则，以滚动计划法为载体，实现了战略和目标需求、员工技能和态度、资源和手段的相互融合、相互统一。在戴青的帮助之下，晨光于2015年在上交所A股成功上市，为晨光的进一步发展奠定了良好的基础。

可见，培训对一个企业的兴衰有着至关重要的作用：培训找对路子，企业就可以扬帆远航，否则，就会裹足不前甚至走向灭亡。一个优秀的企业必然有一套适合的培训体系，我想总结一下，并不需要多么复杂，更没有必要照搬硬套，包括以下几点就足够了：（1）培训组织管理体系；（2）培训需求分析体系；（3）培训资源支持体系，包含师资、预算等；（4）培训课程设计体系；（5）培训效果评估与改进体系。

5.2　如何制订培训计划

"凡事预则立，不预则废"。新世纪伊始，国内的服装供给远远落后于国人的需求，导致了一批服装加工小作坊的诞生。天津伊人服装加工有限公司正是这批"赶潮人"中的一员。

2004年，刚刚初中毕业的费家胜带着初入社会的迷茫与憧憬来到天津，开始了他一年半的学徒生活。对于费家胜来说，学习上的失败打破了他的人生理想，使得他愧对年迈的父母，他暗自下定决心要在天津混出个样子来。怀揣这样的抱负，他在邻村人开办的服装加工厂里拜师学艺。手指被缝衣针戳破了多少次，他自己都记不得了，这样的辛勤劳动换来的还是少得可怜的工资。他一咬牙，决定出来单干。2005年8月，费家胜同他结识的几个好友共同成立了伊人服装加工有限公司。刚刚成立的头两年，公司处在代理加工的阶段。不知是上天的眷顾还是辛勤换来的好运，红姐（她后来的妻子）发现伊人代理加工的服装质量好而且速度快，于是给了他们一个很大的订单。头疼的事情也随之而来，这个订单不仅仅是简单加工这么简单，而且需要裁剪。他心里清楚，裁剪是一个技术活，搞不好整批的布料就会变成边角料。正值他头疼之际，红姐给他推荐了一位裁剪师傅，师傅手艺好但是要价也惊人。事后，费家胜决定自己去学裁剪，并没有想到专门培养几位裁剪工人。

时间一晃便到了2008年，随着北京奥运会的举办，他的生意也好得不得了。可是，他压根没有嗅到危机也在慢慢地向他逼近。当国内还在流行普通服装的时候，国际上早就掀起了时装的风潮。一些有先见之明的企业早就偷偷在学时装技术、培养时装加工人才了。2010年的那个8月，费家胜独自一人坐在冷清的加工厂里，看着一条条流水生产线，独自伤心落泪——已经两个月没有订单了，再这样下去会血本无归的。他在辞退部分员工的同时，买来了关于时装加工的一些书籍和机器设备，一边学习一边模仿，就这样，维持了几年，公司还是倒闭了，他的梦想也再一次被打碎。费家胜把失败归结于时运不佳、上天处处与他作对，明眼人一下就看出是他自己打败了自己。有理想很重要，可是没有航海图的巨轮要怎么在大海中劈波斩浪呢？

不难发现，费家胜的服装加工厂的每一次转型都是被动的，并且，在每一个转型的十字路口都是被迫去选择，缺乏有先见之明的培训规划。可见，凡事预则立，不预则废。在现代企业中，一份良好的培训方案应该是有计划、有"预谋"的，企业的管理者和员工按照计划开展培训，不仅能提升员工的技能、改善员工的态度，还能及时地满足企业发展的需要。虽然不同的企业适用于不同的培训计划，但是不外乎以下几点：(1) 培训需求调查分析；(2) 培训目标确立；(3) 培训对象确定；(4) 培训内容和课程设置；(5) 培训负责人和讲师选择；(6) 培训形式和方法确定；(7) 培训时间和地点确定；(8) 培训效果评估方法确定；(9) 培训费用预算；(10) 培训计划书编写。

要做到这些,说容易也容易,说难也难。员工抱怨公司的培训内容针对性不强、培训效果差,而公司则批评员工没有用心去学、效率太低、不能转化。是不是有什么方法解决这个矛盾呢?其实只需要做好培训计划,按照培训计划开展工作,这个问题就迎刃而解了。

程阮阮是安徽省第二大个性化教育知名品牌公司的人力资源总监,一级人力资源管理师,从事教育机构的人力资源管理工作长达15年。她现在所供职的这家企业——安徽世范教育科技有限公司,是一所为学生提供个性化辅导方案的教育机构。公司连续3年被评为"安徽省最受欢迎的教育机构",公司已经下设5个分校,分布在每个区。

3年前的公司可没有现在这么红火,这其中的原委只有创始人王梦溪最清楚。特别是从2011年到2014年,公司平均每年的教师离职率高达45%。王梦溪每年都要花大量的时间和精力去招老师,把自己弄得很疲惫。为什么会出现这样的情况呢?王梦溪静下心来仔细分析了公司各个方面的情况:公司的待遇处在合肥市平均薪酬的上游,其他的福利待遇也不差,也花钱给大伙做了培训。直到有一天,一位从安徽师范大学毕业入职不到半年的老师又辞职了。王梦溪专门找她谈话,这一通谈话解开了多年的症结。原来,新、老教师都在私底下抱怨公司提供的培训内容和工作不相干、培训不能促进自身的发展、培训监管太苛刻等,王梦溪听到这里,感觉自己很委屈,公司每年花费那么多给大家做培训,没能得到好评反而受尽抱怨。她痛定思痛,决心要解决这个问题。几经周折,聘请到了现在的人力资源总监程阮阮。程阮阮上任的第一天就跑去每个分校,了解每个老师的真实需求,通过对比发现,员工想要的培训公司都没有提供。在确定症结以后,程阮阮决定重构公司的培训计划。

新确立的培训计划包含事前、事中和事后三大模块。其中,以公司发展目标和个人教学需求为基础,确立培训对象;针对培训对象,展开分层、分类个性化培训,包括特别设计的课程、讲师、形式和方法;事后,开展了教学技能提升回访,并以此为依据,结合训中的表现给员工加薪升职。三个阶段进行完毕之后,程阮阮还亲自参与编写培训项目总结报告,作为下一次培训的参考。因为完备的培训计划,想进入这家教育机构的人员趋之若鹜,公司也不担心找不到人,更不用忧虑员工离职了。

由此可见,一份完备的培训计划对公司和员工是多么的重要。既然如此,是不是只要制订了培训计划就可以了呢?事情当然不会是想的那么简单!

说到夏吉国，大家可能还不太熟悉。但是，提到鸿润羽绒家纺，想必大家都久闻其名了。安徽鸿润羽绒集团（以下简称"鸿润羽绒"）由一开始的生产队所有的小作坊发展到今天国际化、多元化的大集团，实现了营业收入从年 10 万元到 60 亿元的增长。这一切看上去光鲜亮丽，让人羡慕至极，可谁又了解光环背后的心酸史呢？作为鸿润羽绒的创始人，夏吉国的前半生都是和"鸭绒"相伴度过的。提到鸿润羽绒的发展，夏吉国有一肚子的话等着说。在夏吉国看来，对鸿润羽绒真的比对自己的爱人还要了解、还要疼爱。1991 年冬月的一天，夏吉国的老校友、原安徽桐城新店乡党委书记潘来兵动员夏吉国办乡镇企业，希望当时已是当地致富能手的夏吉国能够带动大家致富。此时的他犹豫了，凭借一手收购羽毛的手艺，自己已经有 2 万元的存款了，在当时乡亲们的眼里，他可是"万元户"富得流油。看着老校友真切的目光，想着也许能创下一片新天地，夏吉国决定：干，就干自己的老本行——羽绒加工。

创业初期的一些艰难险阻没有压倒夏吉国，他把所有的心思都放了质量上。第二年的冬天，天气异常寒冷，夏吉国的羽绒订单一直排到了来年的 3 月，销售火爆，不仅还清了贷款，还净赚了 100 多万元。时至 1995 年，在重重阻碍之下，夏吉国拿到了羽绒出口权。他开始谋划着工厂迁址、扩大规模，早年的招聘是熟人解决就业，来的都是同村、同乡的失业人群。夏吉国当时也没多想，来一个就给配一个师傅学个把月就上手。这样的模式一直持续到 2007 年，迫于内贸市场趋向饱和，夏吉国决定由单一羽绒家纺产业向多元化产业转型，实现家纺主业走向金融投资、地产开发、能源产业的多元化战略转型，从而保证企业健康发展，为打造百年鸿润奠定基础。夏吉国花费巨资请来了专家团队，打造了相对应的人力资源体系——"1+X"的管理模式，"1"指家纺主业，"X"分别代表未来转型的 3 个产业。

相配套的人力资源培训计划也应运而生。当时的培训计划是以"全员培训、逐层选拔、按需分配"为原则的，不论是技术骨干，还是新进员工，都要按照计划参加培训，然后考试考核、定岗定级。这样的计划在实施 1 年之后就被夏吉国勒令叫停了。原来是很多老技术骨干反映说，我一个干了 5 年的老员工还要去参加基础机器操作，不是浪费时间吗？我一个老技术骨干因为一场不合格的笔试现在成了初级工？他恍然大悟，同时，也被这个计划惊出了一身冷汗，所幸只是一些财物损失。随后，他立即着手对这个计划进行了整改，把"全员培训"改成了"分类、分层、按需"培训；同时，他还下令每个车间、每个岗位轮流培训，这样在不耽误生产的情况下就可以完成培训任务。

通过这次事件，夏吉国明白了两个道理：一个是"知错认错改错"，"知错"就是说要善于倾听基层员工的意见，方案的落地要经得起基层员工的检验；"认错"即意味着有了错误马上去反思这个错误的根源在哪里；"改错"指及时结合员工的意见，改正错误，不怕丢脸。另一个道理便是"灵活变通"，计划再完美，也只是纸上的东西，它始终与管理实践存在着或多或少的差距，这需要我们按照自身的情况灵活变通地执行计划，切勿照本宣科。

由此看来，计划重要，但是，灵活变通地执行计划更重要。那么，如何才能去变通地执行计划呢？我们应该综合考虑以下几类因素：（1）当下最迫切的培训需求；（2）现有的培训计划是否优先满足这一需求；（3）培训需求和培训计划之间存在什么样的差距以及哪些地方存在差距；（4）依据需求对差距进行修改；（5）寻求员工和高层管理者的支持。

5.3 如何构建课程设计

"知己知彼，百战不殆；不知彼而知己，一胜一负；不知彼不知己，每战必败"出自《孙子兵法》，意思是说了解敌方也了解自己，每一次战斗都不会有危险；不了解对方，但了解自己，胜负的概率各半；既不了解敌方又不了解自己，每战必败。现在这个成语被应用到了各个领域，人力资源管理领域也不例外。

无论在哪里，吃是永恒不变的话题，谁也挡不住美食的诱惑。当真正地投身于美食事业的时候，还会不会保持"吃"的那份热情呢？对这个问题最有发言权的非焦正方莫属了。焦正方是安徽合肥方燕食品有限公司的股东，更是方燕烤猪蹄的创始人。其创业史真的可以写成一本书了，最后的成功还要归结于舌尖一次的旅行。说起这个公司可能大部分人都不熟悉，但当提及方燕烤猪蹄的时候，想必大家都有所耳闻。没错，这里所讲的合肥方燕食品有限公司就是那个曾经一天创下6万元营业额的小摊贩成长而来。

2012年的11月，合肥的天气有些阴霾还伴着大风，即便是这样的天气也无法阻止吃客在方燕烤猪蹄小摊前长久的等候。方燕烤猪蹄凭借着独家配置的秘方,一夜红遍合肥的小吃巷。不到半年的时间,焦正方夫妻二人攒下了近 50 万元,创办了安徽合肥方燕食品有限公司。烤猪蹄自然也就成了他们旗下名气最大的产品,已经成为合肥市场上十大排队小吃之一,与海底捞火锅、庐州烤鸭店、詹记桃酥王齐名。2014 年 10 月开始与其他合伙人联手,开起了第一家门店,很快有人提出加盟的想法。焦正方喜出望外,没想到一个烤猪蹄就给自己带来这么多财富。

对于一开始少数的加盟者,焦正方总是亲自上阵教授烤猪蹄的方法和技巧。随着加盟人数的增多,焦正方开始显得力不从心。此时的他想到了一个好办法,制作培训视频发给每个来加盟的人,把视频看几遍就算是接受培训了。这样的做法确实节约了焦正方的时间成本,但是,他不知道的是危险也在悄悄地向他逼近。我们都知道,一道菜是否成功不仅取决于秘方配料和食材,更取决于火候的掌握。不少后加盟的店主反应顾客越来越少,而且模仿方燕烤猪蹄的人越来越多,营业额一直下滑。经过仔细的调查,焦正方才发现加盟店的方燕烤猪蹄味道、风格各异,没有原始独特的味道。这一分析他才知道,原来是由于自己贪图方便,没有给加盟店进行现场培训造成味道迥异。换句话说,是由于没有采用正确的培训方法来对烤猪蹄这一内容进行培训。可惜,等焦正方悟出这一道理的时候,市场份额已经被形色各异的烤猪蹄所占领,方燕烤猪蹄也就慢慢地趋于平淡。

是的,这个事实告诉我们:每种培训方法都有特定的适用范围,每种培训内容都有适合它的培训方法。由此,足见"知己知彼"是多么的重要了吧。那么,如何才能做到知己知彼呢?首先,让我们来一起熟悉一下当下流行的一些培训方法吧,具体内容见表 5-1。

表 5-1　　　　　　　　　　培训方法的简介

方法名称	概念	优缺点
讲授法	讲授法是指培训师通过语言表达,系统地向受训者传授知识,期望受训者能掌握重要观念和特定知识	优点:实施方便,可以同时"单对多"地进行培训;节省时间,成本最低,经济高效;有利于受训者接受新知识;容易掌握和控制学习进度;有利于加深理解难度大的内容 缺点:受训者的学习效果受培训师讲授水平的影响;信息单向传递缺乏必要的互动;知识不易被巩固

续表

方法名称	概念	优缺点
研讨法	研讨法培训的目的是提高能力、培养意识、交流信息、产生新知识，因此，比较适用于管理人员的训练，或用于解决某些有一定难度的管理问题。有研讨会和小组讨论两种形式	优点：强调受训者的积极参与，鼓励受训者积极思考、主动提出问题、表达个人感受，有助于激发学习兴趣；受训者和教师以及受训者之间的信息可以多向传递，知识和经验可以相互交流和启发；有利于受训者发现自己的不足，开阔思路，加深对知识的理解，促进能力的提高；有助于受训者增强责任感或改变工作态度 缺点：对培训师的要求高；讨论问题选择的好坏将直接影响培训效果；受训人员自身的水平也会影响培训的效果；不利于传统人员系统地掌握知识和技能
案例分析法	案例分析法是指培训师为受训者提供员工或者组织如何处理棘手问题的书面描述，让受训者分析和评价案例，提出解决问题的建议和方案的培训方法	优点：受训者参与性强，变受训者为主动参与者；将提高受训者解决问题的能力融入知识传授中，有利于提高受训者解决实际问题的能力；该方法生动具体、直观易学，容易使受训者养成积极参与和向他人学习的习惯 缺点：案例准备费时费力；对培训师和受训者的要求比较高；案例的来源往往不能满足培训的需要，且案例过于概念化并带有明显的倾向性
角色扮演法	角色扮演法是指在模拟的工作环境中，指定受训者扮演某种角色，借助角色演练来理解角色的内容，模拟处理工作事务，从而提高处理问题的能力。这种方法可用来训练态度仪容和言谈举止等人际关系技能，比较适用于新员工以及岗位轮换和职务晋升的员工	优点：参与性强，培训师和受训者之间的互动充分，可以提高学员培训的积极性，特定的模拟环境和主题有利于增强培训的效果，可以学习各种交流技能，有助于受训者认识自身存在的问题并进行改正 缺点：扮演效果的好坏取决于培训师的水平，扮演中的问题分析限于个人，不具有普遍性，容易影响学员的态度，而不是行为
导师制	导师制是企业培养员工、规划员工职业发展的重要手段，企业希望新员工、核心员工和后备干部能够迅速成长，而员工则希望通过受训获得职业发展空间	优点：能在相对短的时间内传递大量的信息；导师的个人魅力和个性特点能激发学员的学习激情 缺点：培训学员知识面比较狭窄，且无法保证员工在培训之后仍保留原有岗位

续表

方法名称	概念	优缺点
工作轮换法	工作轮换法是一种在职培训的方法，它是指让受训者在预定的时间内变换工作岗位，使其获得不同岗位的工作经验。现在，很多企业采用工作轮换法培养新入职的年轻管理人员或者有潜力的管理人员	优点：丰富培训对象的工作经历，有助于识别培训对象的长处和短处，从而更好地开发员工所长；增进受训人员对各个部门管理工作的了解，扩展员工的知识面，为以后的跨部门合作打下基础 缺点：受训者在每个岗位上停留的时间短，所学知识不精；鼓励通才化的发展，不利于职业管理人员的培训
行为模拟法	行为模拟法是向受训者展示正确的行为，再要求他们在模拟的环境中扮演角色，根据现场表现，培训者不断提供反馈，受训者在指导下不断重复工作直至熟练地完成任务	优点：可以非常生动地向学员展示并规范组织所期望的行为，培训的有效性高、可塑性强 缺点：限制了受训者的思维方式，不利于工作创新，对于某些创造性工作，采取此种方法培训无效
网络培训法	网络培训法是一种基于计算机网络的培训方式，主要是指企业通过内部网，将文字、图片、视频等培训资料放在网上，形成一个网上资料库，可供学员实时进行课程学习	优点：培训灵活，学员可以灵活地选择学习进度、学习时间和学习地点，节省了集中培训的时间和费用；培训设计费用低；可以充分利用各种影音资料，增强培训的趣味性，提高学员学习效率 缺点：需要大量的前期投入；受训者不能从培训中获得归属感；该方法只适合一些理论知识的培训，不适合人际交流培训

以上我们列举了8种员工培训方法的概念以及优缺点，这些培训方法也各自有其使用环境。关于各种方法的具体操作网上都有详细的介绍，这里就不——列举了。我们说"知己知彼"，现在只是了解了方法的概念和优缺点，下面我们将进一步探讨这8种培训方法在学习成果、学习环境、培训转换以及成本上的差异，详见表5-2。

表5-2　　　　　　　多种培训方法的比较

		讲授法	研讨法	导师制	案例分析	角色扮演	行为模拟	工作轮换	网络培训
学习成果	言语信息	是	是	是	是	否	否	是	是
	智力技能	是	是	是	是	否	否	否	是
	认知策略	是	是	否	是	否	否	是	是
	态度	是	是	否	否	是	否	是	是
	运动技能	否	否	是	否	否	是	是	否

续表

		讲授法	研讨法	导师制	案例分析	角色扮演	行为模拟	工作轮换	网络培训
学习环境	目标明确	中	高	高	中	中	高	高	高
	实践机会	低	中	高	中	中	高	高	中
	内容实用	中	高	高	中	中	中	高	高
	反馈	低	中	高	中	中	高	高	中
	观察并与人交流	低	高	高	高	高	高	高	中
培训转换		低	中	高	中	中	高	高	中
成本	开发成本	中	中	高	中	中	中	中	高
	管理成本	低	低	高	低	中	中	低	低

了解了这些培训方法，在这样的基础上构建出来的培训体系，肯定能产生与合肥方燕食品公司截然不同的效果。

洗衣服对于大家来说是再平常不过的一件小事了。可是，在蓝月亮看来，这可是一件头等大事呢。为了让大家洗好自己的衣物，蓝月亮花费了 25 年的时间，累计试洗衣物 70 万件次。现在，蓝月亮的洗衣液和洗手液均列综合市场占有率的第一名，它已经几度蝉联销量冠军、连续 12 年入选中国 500 最具价值品牌排行榜。这样的发展速度离不开公司员工的通力合作，更离不开培训部门的辛勤付出。蓝月亮的整个人力资源管理体系非常健全，人力资源涉及的六大模块均设有专门科室。培训在整个体系中的地位更是不言而喻，2013 年，蓝月亮将培训部升级为培训学院，归人力资源总监罗秋平直接管理。在蓝月亮，每位职员都有机会参与形式各样的培训。部分培训计划如表 5 – 3 所示。

表 5 – 3　　　　　　　　蓝月亮员工入职培训（部分）

培训主题	培训对象	培训讲师	课时	培训方式	培训时间	考核
企业简介	新员工	培训专员	2 小时	讲授法	入职前	课堂提问
现场管理	新员工（生产员工）	培训专员 资深班长	3 小时	讲授法 行为模拟	入职前	课堂提问 现场操作
销售技能	新员工（销售员）	销售经理	4 小时	角色扮演	入职前	现场展示
管理技能	新员工（管培生）	部门经理	半年	工作轮换	定岗前	360 度考核
洗衣熨烫技巧	新员工（洗衣熨烫工）	技术主管	4 小时	讲授法 行为模拟	入职前	课堂提问 现场操作

从表5-3我们不难发现，针对每一项培训内容，蓝月亮都为之设计了适合的培训方法和培训讲师，从而保证了培训的实用性和有效性。这是新入职员工的部分培训项目，那么，针对中层管理人员的培训又是什么样子的呢？请看表5-4。

表5-4　　　　蓝月亮中层管理人员培训计划（部分）

培训主题	培训对象	培训讲师	课时	培训方式	考核
概念技能	中层管理人员	高层领导 外聘专家	4小时	讲授法 案例分析 研讨法	笔试 现场提问 现场模拟
企业文化	中层管理人员	高层领导	2小时	讲授法	现场提问
产品认知	中层管理人员	销售副总	2小时	讲授法 行为模拟	现场提问 现场模拟
工作沟通	中层管理人员	外聘专家	2小时	讲授法 角色扮演	现场提问 现场模拟
研发前沿	研发部管理人员	行业专家	4小时	讲授法 研讨法	现场提问

从表5-4可以看出，蓝月亮对中层管理人员的培训做到了覆盖面广、重点突出，培训的方法既能保证学习的有效性，还能从某种程度上增加培训的趣味性、调动受训者的积极性。

正是这样一系列的培训活动，为蓝月亮的发展壮大提供了人力资源的保证。

5.4　如何评估培训效果

"学以致用，用学相长"的意思是说要把理论的知识和实际的应用联合起来，由浅入深地达到熟能生巧的目的；学到的东西要经常揣摩，真正地理解其含义，然后，按照所学的要求应用到实际生活中。随后，对生活中遇到的新问题，再学习新的知识来解决，就这样相互促进，逐步提高自己理解知识和实践应用的能力。这个道理同样适用于人力资源管理领域，尤其是培训的转化。简单来说，培训效果转化是指个体在工作实践中使用培训教授的知识和技能，它关注培训的行为如何更好地应用与实践，以及经过一段时间后行为是否仍能保持。培训效果转化是衡量某项培训活动成功与否的重要指标,重要性不言而喻。

这几天对于汪波来说,真的是夜不能寐、食不知味啊!公司接的一个大订单黄掉了,还赔了100多万元的违约金。这到底是怎么回事呢?事情还得从头说起。初中毕业没几年,汪波就和他的舅舅一起来到北京打工,学做木匠。凭借吃苦耐劳的精神,没过两年就出师了,独自接活干。有一次在工地干活,来了两个陌生人,出于礼貌他们相互打了招呼,汪波这才知道人家是设计师,来做家居设计的。当时,汪波也没当回事,设计师不也和我一样在工地里干活。碰巧的是,在签合同的时候又遇见了那位设计师。不看不知道,一看吓一跳,家居设计要5万元,才百来平方的房子啊。自己辛辛苦苦一个月连别人挣的1/5都挣不到,顿时他陷入了思考中。不行,设计是块肥肉我也要做设计。就这样,他一边装修干活,一边学习设计。那段时间是非常辛苦的,总是没日没夜地装修,挤出时间来学习设计。不懂电脑,不懂设计软件的操作,那就一切都从零开始。凭着一股子冲劲,汪波终于学到了一些东西,最起码能够画出一张平面设计图了。在装修干活的时候,他开始免费为业主设计,只收装修的钱。别人一看免费,都让他去尝试。一年过去,开始有人找上门来找他设计并装修房屋了。开心的同时,他也在想扩大一下规模。

就这样到了2016年,公司发展到了年营业收入1000多万元的规模。不久,北京房山的几个业主找到他,委托他设计、装修一幢居民楼,这个订单要是拿下来,一年都不用愁了。汪波实际考察了那幢居民楼,心里美滋滋的。谁都不知道,他准备了"撒手锏"呢。这个"撒手锏"就是他2年前送去专门学习家居设计的王帆,前段时间毕业回来了!二话没说,第二天便和业主签了合同,违约金为100万元。他兴高采烈地给王帆布置了任务,心想这下可以大赚一笔了。可世事难料啊,合同期满的前两天,王帆突然没去上班,打电话也没人接,只是收到一条短信说:"汪总,房山那个图纸我真的设计不出来。"细想一下,自从王帆毕业回来,自己也没有对王帆的设计水平进行过考察,也没有让他参与设计过一些项目。哎,当初真的应该考察一下的嘛!汪波恨不得扇自己几个耳光。现在重新设计已经来不及了,还有20多套房子的图纸压根没出来。生意场上无父子啊,只能赔付违约金了。

事情发展到这里,想必大家都明白了。培训是做了,但是,学习效果没有延展到实际工作中,还是"镜中月水中花"啊。由此可见,应该明白培训效果转化的重要性了吧。其实,想要做到培训效果的转化也不难,总结起来不外乎有以下几种办法：(1) 采取激励措施提高受训者动机，明确受训成果与个人绩效挂钩；(2) 改进培训项目设计，强化情景相似性，改进培训方法；(3) 加强培训管理，签订培训成果承诺书并公开；(4) 搜寻影响培训效果转化的因素，营造良好的培训成果转化环境；(5) 建立阶段考核培训成果及反馈机制。

培训成果转化机制健全，效果就会大不一样。合肥世范教育科技有限公司在培训成果转化方面有着自己的一套机制，详见表5–5。

表5–5　合肥世范教育科技有限公司培训成果转化机制

机制	时间	途径	内容
设计子机制	培训开始前	创造与工作相似的培训环境	强调培训项目设计，注意培训活动与工作状态的相似性
激励子机制	培训结束后3个月内	建立技能工资体系	强调薪资与员工拥有的知识、技能挂钩
反馈子机制	培训结束后6个月	书面材料，小型会议	强调人力资源部门将培训评价结果传达给员工，让员工明确自己是否作出了贡献，帮助员工了解组织的期望

具体来看，他们的做法是：首先，在培训之前，合肥世范教育科技有限公司创造了一个与真实的工作环境相似的培训场景，促进参训者将所学知识、技能顺利转化到工作中去。其次，公司建立起了激励子机制。公司通过建立技能工资体系来发挥激励子机制的作用，公司在培训结束后3个月左右的时间，通过对参训者进行技能测试，测定员工技能的掌握情况，并以此作为员工薪资的依据之一。人力资源部门明确告知员工掌握的知识和技能越多、越熟练，拿到的工资越多。形成了以物质激励为主、精神激励为辅的激励体制，以有效地调动员工参与培训的积极性和主动性。最后，公司建立起反馈机制。公司的人力资源部门在培训结束后6个月左右的时间里，将参训者的业绩表现以书面材料或者小型访谈的形式传递给参训者，让他们了解其参与是否帮助了自己、部门和公司改变绩效水平，并且为员工绩效的改善提供相应的指导，以此来促进培训效果转化到实际工作中。通过这样的转化机制，合肥世范教育的教学水平提升了几个档次，这也为学校的壮大和发展打下了良好的基础。

总的来说，培训效果转化的办法有很多，我们要注重联系自身具体情况，活学活用。

第 6 章　绩效管理是激励员工的有效手段

关于管理与绩效管理，摩托罗拉有一个观点，就是企业＝产品＋服务，企业管理＝人力资源管理，人力资源管理＝绩效管理。绩效管理是现代企业管理体系中不可缺少的一环，有效的绩效管理会对各个员工、各级管理人员有明显的帮助。尽管绩效管理并不能直接解决所有问题，但是，它是处理各种管理问题的一个有力的工具，只要管理者投入一定的时间精力，与员工形成良好的关系，给予员工适当的自主权，让员工真正参与绩效管理的过程中，绩效管理就能更好地发挥它的重要作用。

6.1　如何搭建有效的绩效管理框架

还是那句话"没有规矩，不成方圆"。

王刚所在的公司是一家小型创业公司。创业初期，公司总共就十来个正式员工，降低成本、提高销售额成为公司的总目标。经过公司全体员工的不懈努力，公司获得了巨大的利润，近几年都能超额完成既定的销售目标，由于公司业务越来越好，公司的规模也在逐渐扩大。但和大多初创公司一样，由于业务繁忙，公司并没有时间制定一套正式完整的绩效管理制度。张志东是王刚所在这家公司的老总，同时，他也兼任公司人力资源总监一职。张志东是搞技术出身，对管理是一知半解，他也知道凝聚人心、激励员工的重要性。张志东深知公司能有今天的发展也是大家齐心协力、共同努力的结果。因此，在平时的工作中他也很愿意与员工积极沟通，关心他们的工作生活。他会不定期地对工作业务做得好的员工提出表扬，并予以物质奖励；也对态度不积极的员工提出批评，对于做得不到位、销售业绩连续下降的员工，他也会找其谈心，找缺陷、补不足，并且给予员工技术上的支持，鼓励员工积极进取。在公司创业初期，公司只有十几个员工的情况下，张志东的方法还是很受用的。然而，随着公司的业务量越来越大，公司规模已经扩大了不少，已经由最初的十几个人发展到现在的上百人。随着规模不断扩大，管理人员、技术人员与销售人员增加，公司没有建立完整的绩效管理制度的弊端也出现了。由于公司员工越来越多，张志东已无法一一照顾到上百名员工，员工出现了问题也无法找到有效的途径来解决，对于员工的奖惩张志东也无法一一评判，使得很多员工认为自己做出了努力、为公司作出了贡献却得不到应有的奖励，最后导致员工的士气不高，员工的流失率也一直居高不下。张志东不得不考虑，是否该建立绩效考评的正式制度，以及如何对员工进行绩效管理。

关于管理与绩效管理，摩托罗拉有一个观点，就是企业＝产品＋服务，企业管理＝人力资源管理，人力资源管理＝绩效管理。由此可见，绩效管理在摩托罗拉公司的地位和重要性。正因为如此，摩托罗拉公司的绩效管理才开展得好，正因为定位准确，摩托罗拉的业绩才会越来越好，员工才会越来越有干劲，企业的发展才会越来越有希望。

绩效管理是现代企业管理体系中不可缺少的一环，有效的绩效管理会对各个员工、各级管理人员有明显的帮助。尽管绩效管理并不能直接解决所有问题，但是它是处理各种管理问题的一个有力工具。只要管理者投入一定的时间精力，与员工形成良好的关系，给予员工适当的自主权，让员工真正参与绩效管理的过程中，绩效管理就能更好地发挥它的重要作用。那么，是不是只要实施了"绩效管理"就万事大吉了呢？一切远没有想象中那么容易。

刚进5月，武汉的气温远未到"蒸笼天"的热度，王君的心里却已经开始往外冒火了。王君最近情绪糟糕透了，坐在办公室，对着桌子上的《××年度销售统计表》不断叹气。王君是天逸公司华中区的区域销售总监，在公司他是公认的销售状元，进入公司不到5年，就凭着个人极强的工作能力"一连几跳"，最终坐到了华中区域销售总监这个宝座。王君的职业发展可谓是顺风顺水，刚做上区域销售总监的王君雄心勃勃，准备在新的职位大施拳脚，带领他的新团队一同奋进、再创佳绩。然而，事情并没有想象中的那么容易，在王君上任的第一个年头，王君所管辖的那个区域的销售业绩就出现了问题。除了王君所负责的华中区域，公司全国各区的销售绩效全面看涨。而王君所负责的华中区域，销售业绩不但没升，反而有所下降。

第6章 绩效管理是激励员工的有效手段

王君担任华中区域销售总监后，深感责任的重大，上任伊始，身先士卒，亲自率领手下摸爬滚打，决心再创佳绩。他总是把最困难的地方留给自己，且经常与下属们沟通交流，询问他们工作上的难处，给他们传授自己的工作经验，他想通过这些方式来改善、提高下属的销售业绩。但事与愿违，一年下来，王君所辖区域的绩效令他十分失望！落后于其他区域不说，还出现了不升反降的情况，这令他十分恼火。烦心的事还真没完。眼看又临近年末，除了要做好销售总冲刺外，公司年中才开始推行的"绩效管理"还要做。王君叹了一口气，自言自语道："天天讲管理，天天谈管理，市场还做不做？管理是为市场服务，不以市场为主，这管理还有什么意义？又是规范化，又是考核，还哪有精力去抓市场。公司大了，花招也多了，人力资源部的人员多了，总得找点事来做。考来考去，考得主管精疲力竭，考得员工垂头丧气，销售怎么可能不下滑。不过，还得要应付，否则，公司一个大帽子扣过来，自己吃不了还得兜着走。"

好在对绩效管理也是轻车熟路了，王君通过内部电子系统给每位员工发送了一份考核表，要求他们尽快完成自评工作；同时，自己根据员工一年来的总体表现，利用排序法对所有员工进行了排序。排序是件非常令人头疼的工作，时间过去那么久了，下属又那么多，自己不可能一一都那么了解，谁好谁坏确实有些难以区分。不过，好在公司没有什么特别的比例控制，特别好与特别差的自己还是可以把握的。排完序后，员工的自评差不多也结束了，王君随机选取6名下属进行了5—10分钟考核沟通。令人头疼的问题总算解决了一个，考核又是遥远的下个年度的事情了，每个人又回到"现实工作"中去。

王君对绩效管理的认识仅局限于绩效考核，并认为这样的"绩效管理"是个包袱，对待这样的"绩效管理"时也是草草填几张表格，走走形式，应付了事，甚至还成为他眼中的"包袱"，最后，导致绩效管理发挥不了应有的作用。在实际工作中，有许多中小企业都存在这样的问题，管理者对绩效管理认识不足，常常错把绩效考核当作绩效管理，员工又错把绩效考核、绩效管理当作考评者纠自己错、记自己黑账的工具，对绩效考核、绩效管理闻之丧胆、深恶痛绝。

事实上，绩效管理并不等于绩效考评，绩效管理也不是单一的一方面，而是有一个完善的框架。中小企业要想把绩效管理做得成功，首先必须搭建一个有效的绩效管理框架。那么，中小企业应如何建立有效的绩效管理框架呢？或许，我们可以参考W公司的案例来构建中小型企业绩效管理框架。

W 公司是一家中小型企业，公司老总孔世东最初是搞技术出身，后对管理产生了浓厚的兴趣，又留洋深造学习了大量有关企业管理的知识。留学的那些日子，孔世东除了刻苦钻研理论知识外，也并没有疏忽实践活动，他总是积极地参与各种企业实践活动中，在实践的过程中他也学到了不少。孔世东毕业回国后，正好遇到了国家积极提倡"大众创新，万众创业"，孔世东在国外的实践过程中也曾有过自己创业的念头。他暗暗盘算道："我自己懂些技术，有创业的方向和点子，也有一定的人脉和相应的管理知识，这是一个全民创业的时代，既然已经具备了这么多得天独厚的条件，为什么不赌一把试试看呢？"孔世东说干就干，有了创业的想法后，他立即联系了亲戚朋友，给他们说了自己的想法，并咨询他们的意见。他的大部分亲友还是比较支持他放手创业的想法，有的甚至被他说动，跟着他一起干了。就这样，孔世东就走上了自主创业的道路。

孔世东看准了互联网行业，便坚定地向这个行业进军了。他和几位亲友及几个他亲自挑选的员工组成了一个团队，也就是公司最初的人员构成。由于近几年市场环境不错，公司的所有员工和孔世东都十分契合，他们也非常有干劲。在全体员工的努力下，W 公司越做越大，业务越做越好，孔世东的创业可以说是做得有声有色！孔世东和他的团队也赚了不少的钱，每个人都是喜笑颜开的。公司的业务越做越大，公司原有的人手已经远远不够了。孔世东是一个有理想的人，他也想把公司做大、做强，因此，在公司迅速成长的那个时期，他也在不断地招兵买马，为公司注入新鲜血液。在招人方面他始终坚持着自己的原则，先不论能力好坏，孔世东更看重的是员工是否跟公司的价值观相匹配、是否认同公司，这也成为是否能顺利进入 W 公司的必要条件。经过孔世东和几位公司元老级员工的努力，公司规模不断扩大，W 公司成立不到 5 年，除了主营业务外，公司还拓展了多项相关业务，公司员工也从原来不到 10 人扩大到现在的七八十来人。

因公司在初创阶段人员数量不到 10 人，孔世东也并没有考虑过实施绩效管理，也没有搭建完善、有效的绩效框架。他知道，公司规模不到 10 人却硬要按照大公司那种规范的绩效管理来做的话，可能会适得其反。因此，在创业初期，他也并未给大家灌输绩效管理的概念，只是一门心思地扑在扩展业务上面，大家一起斗志昂扬地干事业，对于员工的工作情况只是简单地做一些提醒、表扬类的绩效面谈，关于绩效的管理较为宽松，评估方式和评估标准也比较灵活。孔世东的这些简单的方法在人员很少的情况下还是挺适用的，大家都特别有干劲，也确实取得了很多成效。然而，现在公司规模扩大了，孔世东已经无法再一一照顾到每一位下属。孔世东是一个有远见的人，留学学了这么多年管理，他已然知道下一步该怎么做了。他马上召集了公司的骨干和一些员工代表开了一个重要会议，参考大家的意见，在公司搭建起较为完善的绩效管理框架。孔世东有一定的专业知识，再结合了大家的意见，很快，W 公司建立起了较为完善的绩效管理框架，并且，实施的效果也很理想。在良好的绩效管理下，员工的积极性得到了充分的调动，每个员工的绩效都有所改善，最终促进了公司绩效的提高，公司的业绩在实施了绩效管理后又实现了翻一番的好成绩！那么，孔世东是如何搭建他们公司的绩效管理框架的呢？

孔世东在召开会议时，最先与参会员工谈到的就是他为什么要在这个时候实施绩效管理，首先明确了实施绩效管理的目的是帮助大家更好地达成绩效目标、改善绩效，让员工的收入与付出成正比，最终达成企业战略目标；同时，说明了绩效管理并不是用来惩罚大家的，从而打消了员工的顾虑。这就让 W 公司的员工愿意积极地参与绩效管理过程中。

明确好实施绩效管理的目的后，孔世东便考虑要梳理一下公司的岗位情况。在公司创立之初，员工较少，大家就只做简单分工，合作完成工作任务，员工们对各自的职位并没有明确的认识。而现在公司规模逐渐扩大了起来，孔世东不得不考虑明确岗位职责，制定岗位说明书，以便更好地开展后续的工作。孔世东知道界定岗位职责、制作岗位说明书的重要性，因此，他也花了大价钱请了几个教授专家来公司实地考察，并与专家们积极沟通。最终，专家们为公司提供一份适合 W 公司的岗位说明书，这就明确了各岗位的工作职责、胜任条件、相应的制度流程。从此，这份岗位说明书也成为 W 公司招聘、录用员工、员工绩效考核、企业制定薪酬福利政策、员工培训开发、员工晋升与发展的依据。

在具体的绩效管理实施过程中，孔世东在每个绩效周期之前都会与员工达成共识，他会先将绩效目标告诉大家，然后再与各部门负责人沟通，使绩效计划层层分解到部门负责人，最终分解到每位员工身上。在这个环节中，他特别注意与员工们进行有效的沟通，以保证上下达成一致。

有时候即使明确了绩效目标，有了绩效计划，还是会偏离预期绩效效果。孔世东是个有心人，在与员工达成绩效目标、绩效计划共识后，并没有觉得高枕无忧，甩手放任不管了。他也会时常关心员工绩效完成的情况，并善于跟员工进行积极的绩效沟通，孔世东与员工进行绩效沟通的内容是"检讨过去，把握现在，展望未来"，即对过去的工作进行总结，发现问题，对员工现有取得的成绩给予肯定；同时，也对未来绩效设定目标，实现绩效改善。如果员工有什么工作上的问题，他也会积极地给予员工有效的绩效辅导，帮助员工达成绩效目标。他深知，自己一个人的力量是有限的，因此，他也发动公司管理者对需要帮助的员工进行绩效辅导。最终在公司形成了一种"上带下"的氛围，员工们也能更加顺利地达成绩效目标了。

绩效考核是绩效管理框架中的关键，W公司自然也是着重考虑了这一块的。孔世东要求各部门管理者要秉持着公正、公平、公开的原则，实事求是地对被考评者进行考核，千万不要歪曲事实，打击报复，否则就会"吃不了兜着走"。在设计考核表单时，他也是坚持越简单越好，并没有追求所谓的形式丰富，尽量使绩效评价不占用日常太多工作时间。在现实生活中，我们看到很多中小型企业在做完绩效考核后，就以绩效考核结果作为对员工奖惩、发工资的依据，该奖的奖，该罚的罚，至此之后，绩效考评结果就再无他用了。睿智的孔世东并不是这样做的，他认为，绩效结果运用只起到了发放工资的作用，然后就锁到柜子里去了，这是非常不可取的。在他看来，绩效结果还有更大的作用，可作为培训需求、岗位调整、职务调整、新员工转正、发放年终奖的依据。在实际的绩效管理中，孔世东也是这样做的，W公司的员工都表示对这样的做法很认同，对员工也实实在在地起到了激励的作用。管理从某种意义上讲，也是一种激励。

以上就是W公司绩效管理框架构建的全过程，我们可以清晰地看到孔世东是从哪些方面来构建他们公司绩效管理框架的，他主要抓住了以下几个部分：(1)明确绩效管理目的；(2)制定岗位说明书，明确岗位职责；(3)制订绩效计划；(4)实施绩效沟通与绩效辅导；(5)实行绩效考核；(6)充分利用绩效考评结果。除此之外，孔世东还意识到了制度与流程的重要性，制定了相应的制度，规范了做事的流程，从根本上保证了绩效管理体系的落地。

在现实的中小企业实践管理过程中，中小企业的管理者通常会忽略绩效管理的重要性，认为绩效管理可有可无，有的甚至认为绩效管理就是个"包袱"，只会增加其工作量与公司成本，因此，他们不愿意实施全面的绩效管理。

从上述几个故事中我们可以发现，有没有绩效管理真的是不一样。中小企业固然没有必要把绩效管理做得像大企业那样复杂，但是，也不能没有绩效管理或是只取其一小部分，那样，有可能真会做成一个"包袱"。那么，中小企业在构建自身的绩效管理框架时应注意些什么呢？我想应该是"麻雀虽小，五脏俱全"，什么意思呢？就是要做到全面，绩效管理的每一个部分都必不可少；同时，也要考虑到中小企业的特点，实施动态的绩效管理，灵活管理，适时调整绩效目标，切忌不可僵化地照搬照抄大企业绩效管理那一套。

6.2 如何设定绩效考核指标

田雨是从事了近 20 年人事工作的资深 HR，最近，她入职了一家名为佳惠百货的新公司。佳惠百货公司是"一站式"百货公司，以商品种类齐全、购物环境舒适便捷等赢得了市民们的喜爱。凭借着独特的优势，该百货公司近年来获得了迅速发展，员工人数已达近千人。随着企业规模的扩大，员工数量不断增加，与之相关的人事管理工作的复杂性也随之增大。但是，由于行业的特点，佳惠百货公司员工整体素质偏低，且自成立以来，公司都存在重经营、轻管理的问题，其人力资源管理水平也有待提升。田雨的老板张洪铭意识到了公司存在的问题，几经周折挖到了人事工作经验丰富的田雨，想让田雨来改善佳惠的人力资源管理。

张洪铭最先想到的是从绩效问题入手，公司的经营效益越来越好，但一直没有一个让大多员工都欣然接受的绩效考核制度，导致员工的积极性越来越低。张洪铭想到员工积极性可是个大问题啊，不照顾好员工情绪，再好的效益也不能持续。因此，张洪铭就让田雨来设计一个能够调动员工积极性的绩效考评方案。田雨接到了张总布置的这个任务，便开始思索怎么着手把这个任务完成得更好。首先，田雨考虑到的是绩效考评指标的来源。经验丰富的田雨首先选择公司组织战略和经营规划作为绩效考核指标的首要来源。因此，她花了大量时间研究了企业的战略规划和年度经营计划，并根据其逐级构建指标体系；同时，田雨还仔细研究了公司各岗位的岗位说明书与工作职责，并同各个部门的资深员工进行访谈，最终结合了公司战略经营规划选取了一些绩效考核指标。另外，在选取绩效指标时，田雨还参考了公司员工的绩效短板与不足，田雨遵循了一个重要原则是"要什么，考什么；缺什么，考什么"，针对实现企业战略目标和完成岗位职责所需要的工作内容和员工绩效中存在的不足进行考核。田雨花了大量时间选取的绩效考核指标十分的成功，这也为她后来制定出行之有效的绩效考核方案奠定了良好的基础。

通过上述的案例，我们可以看到绩效考评指标主要来源于以下几个方面：（1）组织战略与经营规划；（2）部门职能与岗位职责；（3）绩效短板与不足。那么，是不是只需要确定好绩效指标来源，就可以制定出有效的绩效考核方案了呢？情况并没有那么简单。

A公司成立仅4年。为了更好地评价和激励各级员工，公司建立了一套新的绩效管理制度，它不但明确了考评的程序和方法，还根据公司的战略经营目标增加了"德，能，勤，绩"等项指标，并分别做了定性的描述，考评时只须对照被考评人的实际行为，即可得出考评的最终结果。但在实际的考评中却出现了一些问题，工作比较出色和积极的员工，考评成绩却被排在后面，而一些业绩平平的员工却被排在前面，一些管理人员对考评结果十分费解，存在抵触心理。为了弄清这套新制度存在的问题，王总经理深入调查，亲自了解情况。车辆设备部李经理快人快语："我认为考评方案需要尽快调整，考评指标虽然有十几个，却不能真实反映我们工作的实际，我部总共有20个人，却负责公司60台大型设备的维护工作，为了确保它们安全无故障地运行，检修工需要按计划分配到基层各个站点上进行设备检查和维护，在工作中，不能有一点违规和失误，任何一次失误，都会带来不可估量的生命和财产损失。但是，在考核业绩中却有允许出现工作业绩差的情况，实际上，我们的考核就是合格与不合格之分，不存在分数等级多少的区别。"

财务部韩经理更是急不可待："财务部门的工作基本上都是按照会计准则和业务规范来完成的，凭证、单据、统计、核算、记账、拟表等项工作要求万无一失，但这些工作无法与'创新能力'这一指标及其评定标准对应。如果我们的工作没有某项指标规定的内容，在考评时，是按照最高还是按照最低成绩打分？此外，在考评中用了传统的民主评议方式，我对部门内部人员参加考试没有意见，但让部门外的其他人员打分是否恰当？财务工作经常得罪人，让被得罪过的人考评我们，能保证公平、公正么？"听了大家的各种意见反馈，王总经理陷入了深深的思考之中。

A公司引入新的绩效管理制度的初衷是好的，但是，却没有取得预期的效果，最后还成为大家争议扯皮的对象，这究竟是为什么呢？首先，我们可以看到A公司的绩效考评指标体系过分强调行为而忽视了工作结果，没有针对不同性质的岗位提出不同的考评指标，使考评指标和标准缺乏适用性和针对性；其次，绩效考评指标重点不突出，没有从岗位工作的特点出发提取反映各岗位工作绩效的关键绩效指标，使考评指标和标准缺乏可操作性；再次，考评指标和标准缺乏量化和可测性。由此可见，绩效考评指标的设定是要遵循一定的原则的。下面，我们来看看联想公司是遵循了哪些具体原则来设定绩效考评指标的。

联想的绩效考核是按季度和年度进行的，考核主要分为两个部分，这两个部分分别有 100 分，一个是 Q 值，表示个人绩效，另一个是 P 值，表示部门绩效。在部门绩效考核中，联想采取结果导向，同时，要求结果要以公司战略目标为中心。联想的部门绩效考核指标大致分为三类：经营指标，业务指标，满意度指标；且每一类的指标都有明确的细分；同时，考核指标之间有独立的内容，并且具体清晰。这些为绩效考核顺利的实施奠定了基础。联想的绩效考核指标设计原则包括：结果导向，体现团队精神；打破大锅饭，体现部门核心竞争力；可量化；考核指标不超过 5 个；第三方考核。

在个人绩效考核中，主要考核工作业绩和工作表现，依据是岗位职责和工作计划及工作表现，同时，重点体现企业文化的要求；工作业绩的考核占 75%，工作表现占 25%。联想绩效考核指标的设计遵循了以下几个原则：(1) 导向性；(2) 定量为主，定性为辅；(3) 可测性；(4) 独立性；(5) 少而精。正是因为严格遵循了这些设计原则，设计出来的绩效指标才实用有效，这就为联想绩效考核顺利进行奠定了基础。

除了确定绩效考评指标的来源和遵循基本的考评设计原则外，绩效考评指标体系的设计也有一定的方法与程序。

正安公司新来的林立是一位刚刚毕业的大学生，初到这个中小型公司，林立接到的第一个任务就是重新设计绩效考评指标体系，这可让初来乍到的林立伤透了脑筋。一头雾水的林立虚心地跑去向前辈霖姐请教，霖姐笑了笑，说道："你先说说你头脑里已经有哪几种方法了。"林立抓了一下脑袋，若有所思地说道："我只知道有头脑风暴法，聚集大家的智慧一起解决问题，众人拾柴火焰高嘛！这不，我就来请霖姐分享一下经验，聚集一下智慧。"霖姐扑哧一笑，说道："小滑头，绩效考评指标体系的设计通常会用到以下几种方法，你可以参考参考。"

首先是问卷调查法，问卷调查法是编制相关的问卷，再将问卷发放给相关人员填写，收集不同人员的意见，最后确定绩效考评指标体系的构成。问卷调查法的具体步骤是：(1) 根据绩效考评的目的和对象，查阅工作岗位说明书，通过必要的现场调查，采集与工作绩效各种要素和指标相关的数据和资料；(2) 列出所有影响工作绩效的要素及具体的指标，并进行初步筛选；(3) 用简洁的语言或计算公式，对每个相关指标概念做出准确的界定；(4) 根据调查的目的和单位的具体情况，确定调查问卷的具体形式、所调查对象和范围，以及具体的实施步骤和方法；(5) 设计调查问卷，将需要调查的内容，以一定的格式编制成问卷；(6) 发放调查问卷，在这个环节应注意选择发放问卷的渠道；(7) 回收调查问卷，进行整理汇总和统计分析，获得最后的调查结果。

说完整个问卷调查法实施的过程，霖姐又给林立找到一份之前做过的问卷调查的一部分，让他参考参考。霖姐对林立说："这是一张适用于公司销售人员绩效考评指标的调查问卷表（见表6-1），你可以通过该调查表进行调查，利用算术平均或加权平均法来计算指标的需要程度，最后排序选出最需要考评的指标。"

表6-1　　　　　　　　推销员绩效考评要素调查表

绩效考评指标	指标内容	对需要程度的判定
出勤率	实际出勤数/应出勤数×100%	1　2　3　4　5
销售额	考评期各类产品销售总金额 = $\sum$ 销售 × 价格	1　2　3　4　5
客户投诉率	投诉件次/接待顾客总人数×100%	1　2　3　4　5
销售增长率	（报告期销售额/基期销售额）×100% - 100%	1　2　3　4　5
销售费用	推销产品过程中全部费用总和	1　2　3　4　5

注：1代表必须进行考评；2代表较为需要进行考评；3代表可以进行考评；4代表不太需要考评；5代表不需要考评。

第二种常用的方法是面谈法。霖姐对林立说："面谈法是与被考评者相关的各类人员进行面谈，如考评者的上级、人力资源管理人员、考评者与被考评者有较多联系的相关人员，通过与他们访谈，收集相关信息，从而以此作为确定考评要素的依据。访谈的内容你可以围绕以下几个问题来展开：(1) 你认为该职位的员工所要求最基本的素质是什么？(2) 该职位工作的主要特点是什么？(3) 你认为用哪些指标来检验该职位的工作成效比较好？"

林立津津有味地着听霖前辈的解说，边听边做笔记，感叹要学的东西还真不少！林立是个好学的小青年，他又继续追问霖姐说："霖姐，除了这两种方法,还其他的方法吗?"霖姐答道:"当然还有,除了问卷调查和访谈法外,我们常用的方法还有头脑风暴法和经验总结法,头脑风暴你知道的,我就不再多说了。"林立疑惑道:"经验总结法是什么情况呢?是我们部门自己总结还是去向谁请教呢?"霖姐立马给林立解说:"经验总结法是根据企业的具体情况与考评组织所积累的经验来确定考评的要素,或者参照一些权威的绩效考评要素体系或同行业单位人员绩效考评的经验,再结合企业自身情况与考评目的来确定绩效考评指标的方法。这就需要你平时多留心了,也要经常向各部门的负责人请教,问问他们的经验和看法,他们更加清楚考核什么更合适。当然啦,没事也和我们部门张总聊聊,你会学到更多的东西的。"林立听完后连连给霖姐道谢,心中的疑惑终于得到了解答,他心里想着,接下来就能好好开展下面的工作了。接着,他便对霖姐说:"多谢霖姐的指点!知道了绩效指标设计的常用方法我就可以直接进行绩效考核指标体系的设计了吧?"霖姐眉头一皱,摇了摇头,否定了林立的说法:"方法固然重要,但绩效考评指标体系的设计还得按照一定的设计程序来做,才能保证设计出来的绩效考评指标体系更加有效。"确定绩效考评指标体系,一般可分为下面三个步骤:(1)工作分析。了解被考评者在该岗位工作所应达到的目标,初步确定出绩效考评指标。(2)进行指标调查,确定指标体系。根据工作分析所初步确定的指标,运用绩效考评体系设计方法进行指标调查,最后确定绩效考评指标体系。(3)进行必要的修改和调整。

林立听完霖姐的介绍后恍然大悟,意识到构建绩效指标体系不是一件容易的事,更不能想当然地靠个人拍脑袋决定。

6.3 绩效管理的实施过程

"千里之行,始于足下"出自老子《道德经》第六十四章:"合抱之木,生于毫末;九层之台,起于垒土;千里之行,始于足下。"意思是走一千里路,也是从迈第一步开始的。比喻事情是从头做起、逐步进行的。事物的发展都有一个过程,只有踏实地把每一步都走好了,才能有望获得成功。同样的道理适用于绩效管理,绩效管理也是一个动态持续的过程,也是需要从最初的绩效目标、计划的确定开始的。

通达公司成立于20世纪50年代初，公司现有员工1000人左右。总公司本身没有业务部门，只设一些职能部门；总公司下有若干子公司，分别开展不同的业务。公司的高层领导非常重视绩效考评工作。人事部具体负责绩效考评制度的制定和实施，在原有的考评制度基础上制定出了《中层干部考评办法》。在每年年底正式进行考评之前，人事部又会出台当年的具体考评方案，以使考评达到可操作化程度。公司的高层领导与相关的职能部门人员组成考评小组。考评的方式和程序通常包括被考评者填写述职报告、在本单位内召开全体员工大会进行述职、民意测评（范围涵盖全体员工）、向科级干部甚至全体员工征求意见（访谈）、考评小组进行汇总，写出评价意见并征求主管副总经理的意见后，报公司总经理。考评的内容主要包含3个方面：被考评单位的经营管理情况，包括该单位的财务情况、经营情况、管理目标的实现等方面；被考评者的德、能、勤、绩情况；下一步工作打算，重点努力的方向。具体的考评细目侧重于经营指标的完成、政治思想品德，对于能力的定义则比较抽象。

对中层干部的考评完成后，公司领导在年终总结会上进行说明，并将具体情况反馈给个人。尽管考评的方案中明确说考评与人事的升迁、工资的升降等方面挂钩，但最后的结果总是不了了之，没有任何下文。对于一般员工的考评则由各部门的领导负责。子公司的领导对于下属业务人员的考评通常是从经营指标的完成情况来进行的；对于非业务人员的考评，无论是总公司还是子公司，均由各部门的领导自由进行。对于被考评人来说，很难从主管处获得对自己业绩优劣评估的反馈，只是到了年度奖金分配时，部门领导才会对自己的下属做一次简单的排序。

通达公司看似有比较完整的绩效管理制度，但在具体的实施过程中却出现了大量问题，这也是现在很多企业在绩效管理方面存在的问题。尤其是一些中小型企业，即使知道绩效管理的重要性，也不知道从何入手，企业内部没有专门的人才来建立和完善绩效管理框架，管理者也不知道如何实施绩效管理。在大多数情况下，他们是直接借鉴同行企业的考核办法来作为自己绩效考核、绩效管理的依据，为了考核而考核；对考评的结果也没有进一步延展，没有运用到人力资源其他模块中去。而有效的绩效管理是按照一定步骤来实施的，主要可以归纳为以下几个部分：（1）确定绩效目标；（2）绩效信息收集；（3）绩效沟通与绩效辅导；（4）绩效考核；（5）绩效结果反馈；（6）绩效结果运用。

绩效管理的实施是从确定绩效目标开始的，确定绩效目标为绩效管理指明了方向。关于目标,有这样一个故事:罗斯福总统夫人在本宁顿学院读书的时候,打算在电信业找一份工作,以补助生活。他的父亲为她引见了自己的一个好朋友,当时担任美国无线电公司董事长的萨尔洛夫将军。将军热情地接待了她,并认真地问她:"你想做什么工作?"她回答说:"随便吧。"将军神情严肃地对她说:"没有任何一类工作叫随便。"片刻之后,将军目光逼人,以长辈的口吻提醒她说:"成功的道路是目标铺出来的。"

一位哲人说过这样一句话:"伟大的目标构成伟大的心灵,伟大的目标产生伟大的动力,伟大的目标形成伟大的人物。没有远大的目标会使人失去动力!没有具体的目标会使人失去信心!"可见,明确目标是十分重要的。在绩效管理的过程中,绩效目标也同样的重要,没有明确的绩效目标,员工就无从努力,绩效考评者也无法有效地评价员工的绩效行为。因此,需要做好绩效计划、确定绩效目标,这是整个绩效管理过程的开始。要想有效完成这个任务,必须由上级和下级合力完成,共同商讨绩效计划,确定双方共同认可的绩效目标。

确定好绩效目标后,就要开始进入绩效管理实施环节了。在绩效管理实施环节中,要做好绩效信息收集工作,绩效信息收集工作做得是否到位直接影响到绩效考核的有效性。让我们来看看下面这个故事吧。

天宏商场是一家中小型商场,包括管理人员与员工在内约有100名员工。通过大家的齐心努力,商场销售额不断攀升。到了年底,公司又开始一年一度的年终绩效考评了,因年终考评与员工的年终奖金是挂钩的,大家都十分重视。天宏商场的年终绩效考评流程是:人力资源部将事先准备好的绩效考评表发放给各部门经理,由部门经理按照其下属员工的绩效情况进行填写,最后再把填写完的考评表交给人力资源部进行汇总排序。陈东升是营业部的经理,他拿到人力资源部送来的考评表却十分头疼,不知如何填写。考评表格的内容主要包括对员工工作业绩与工作态度的评价。工作业绩那一栏共分为五档,如超额完成任务、基本完成任务等。由于年初种种原因,陈东升没有把员工的绩效目标清楚地划分好,更没有清晰地记录绩效目标。因此,陈东升也无法确定哪些员工超额完成了销售目标,哪些没有达到基本销售目标,在填写员工工作业绩时他十分头疼;关于工作态度就更加难办了,由于陈东升平时业务繁忙,根本没有时间收集和记录员工的工作表现,现在到了年底,只对近两个月的事情有点印象。由于人力资源部又催得紧,陈东升只好在考评表格上勾勾画画,再写一些无关痛痒的评语草草了事,把表交给人力资源部。

从上述的故事中，我们能清晰地看到天宏商场既没有明确的绩效目标，也没有选择好合适的绩效考核时间与周期，从而导致出现后续种种问题。除了绩效管理的准备工作没有做好，天弘商场还有一个致命的问题就是没有做好绩效信息的收集工作，陈东升在平时的工作中并没有很好地记录下属的工作绩效，也没有对员工工作态度进行观察和记录，最终在需要评价的时候无从下手，无法客观地评价员工的工作情况。一旦员工发现他们的绩效结果是这样评价出来的，他们一定会提出质疑，若管理者不能给出合理的解释，则会大大打击员工的积极性，严重时可能会导致员工流失。

因此，在绩效管理实施的阶段，企业要做的非常基础但又十分重要的一项工作就是对关于员工绩效的信息进行收集。管理者收集绩效信息的内容应该是对绩效考核有重要意义的行为和工作结果、能够确定绩效好坏的具体事例或数据，如工作产量、客户投诉量等。信息的收集来源包括相关客户、员工的直接上司、员工本人、员工的同事等。

有一项工作是贯穿绩效管理全过程的，那就是绩效沟通。不同的沟通方式会产生不一样的效果，下面，我们来看看以下两个案例的不同绩效沟通方式都分别产生了什么样的不同效果。

小李是天逸公司的员工。近日，公司新引入了一套绩效管理方案。这套新的绩效管理方案与以往单纯的绩效考核方案有所不同。在这套方案中，公司强调在员工绩效考核周期内主管要与员工进行积极的绩效沟通，并将其作为一项必须完成的任务通知了下去。小李所在部门的陈主管在接到通知后，立马给小李打了电话。

陈主管："小李啊，你来我办公室一趟，我们做个绩效沟通。"

小李："老大，等我1小时好吗？我现在手里还有件事……"

陈主管："快过来吧，花不了几分钟时间，我待会还要跟其他的同事面谈，速战速决！"

"哦，那好吧。"小李挂了电话，立马拿了个本子和笔走进了陈主管的办公室。

陈主管："小李啊，由于时间有限，客气话不多说了，我就直接说重点吧。你这一年整体表现不错，但是，也有些做得不到位的地方。综合来看，我给你的绩效考核打了80分，你对这个考核结果有什么疑问吗？"主管是个急性子，语速特别的快。

小李答道:"您说了算,我没什么意见。"

陈主管:"行!没什么意见你就签个字吧,走个程序,我们今天的绩效沟通就到这里吧,等下你帮我叫下小张,尽量快!"

小李签完字后,心里十分不爽。

小王是另外一家公司的员工。最近,小王所在部门的陆主管也在找小王进行绩效沟通。陆主管是事先与小王约好了合适的面谈时间的。

陆主管:"小王,到了我们约定绩效沟通的时间了,你现在方便过来吗?待会记得带上你今年的个人绩效承诺书。"

小王:"主管,我来了。这是我的个人绩效承诺书。"小王将自己的绩效承诺书递给了主管。

陆主管:"小王,坐!上周接手的那个项目进展得怎么样了?有困难随时来找我。"

小王:"项目进展得挺顺利的,预计……。"

陆主管:"好的,你放心去做,有问题随时找我。现在我们一起来看看你的绩效承诺书,或者你先说说?"

小王对自己这一年的工作情况作了个大致的汇报,接着,陆主管又进行了点评、补充、总结。

陆主管:"小王啊,你今年的工作做得不错,×项目你处理得不错,计划很细致,监控到位,×工作你其实可以更大胆些去做,比如……我总结补充的你这一年的工作情况就是这些了,你看,还有没有什么遗漏的。"

小王:"谢谢主管的肯定!没有什么遗漏的了。"

陆主管:"那好,你这次的考评结果是85分,定出这个结果主要是有这样几个方面的依据。第一……第二……第三……有没有什么疑问?"

小王:"谢谢主管了,这些很符合我的情况,我没有什么疑问了。"

陆主管:"这次考评是对你今年工作的一个总结,明年的工作才是更重要的,我们到时候再根据你今年的绩效情况,定下你明年的工作方向和工作重点吧。"

这次谈话进行了半个多小时,小王从陆主管办公室里走出来时心里挺暖的,心想:"主管这么忙,对我所做的事还这么清楚,还给我提了这么多建议,明年我一定更加努力工作!"

我们看到两个不同公司的主管都做了绩效沟通,但是,绩效沟通的效果却截然不同。小李的主管并没有意识到绩效沟通的重要性,仅仅只是为了完成任务，走走过场，这样的沟通是毫无意义的；陆主管与小王的沟通是比较成功的。事实上，绩效沟通才是绩效管理中真正的关键环节。一次绩效管理的过程，就是一次绩效沟通的过程。对员工来讲，能及时得到对自己工作的反馈信息和领导的帮助，可以不断改进不足。绩效沟通到位了，绩效管理上就会事半功倍；反之，则要费时费力、事倍功半。因此，作为一个管理者，一定要学会沟通什么，如何沟通。下面，我们来看看表 6-2，了解管理者应当如何与员工进行有效的绩效沟通。

表 6-2　　　　　　绩效沟通的步骤、内容及注意事项

步骤	内容及注意事项
第一步：良好气氛开场	沟通时应营造和谐、轻松的气氛，不要太过严肃与压抑
第二步：进入主题	说明面谈的目的与沟通的主要内容
第三步：分析绩效情况	分析员工考核周期内的绩效情况，以及工作失败与成功的原因
第四步：探讨沟通	讨论员工关心的问题以及需要员工改善的方面
第五步：员工发展计划	讨论员工的发展计划
第六步：设定下期目标	为员工下一阶段的工作设定目标
第七步：双方沟通总结	总结讨论要点以及再次确认制定的工作目标
第八步：双方签字认可	双方签字认可
第九步：整理沟通记录	在系统或会议纪要上记录绩效沟通内容并存档

罗森伯格曾说过：人事考核最主要的目的就是要帮助员工和组织改进绩效。可见从某种意义上来说，在整个绩效管理体系中，绩效考核不是最主要、最核心的环节，而是管理者与员工进行绩效沟通，并给予员工绩效辅导，帮助员工更好、更快地达成绩效目标。

李科是一家 IT 公司的资深高级经理。他手下有 7 个经理：市场经理、客服经理及 5 位大区销售经理。周明是从竞争对手那里挖过来的区域销售经理，负责公司最重要的区域——华南区的销售管理。华南区的销售几乎占公司销售总额的一半。华南区最近的销售情况不太好，这影响了整个公司的销售。周明才进入新公司不久，虽说做的业务跟以前公司的差不多，但还是有很多不适应、不明白的地方。他很想找李总请教一下，但是李科却总是很忙，无暇顾及他。每次他去找李总谈他的问题时，李总总是满脸笑意地说："你的能力让我很放心，没什么问题的！有什么问题你自己琢磨琢磨，最近事很多，我也不能同你多讲了。"周明也很无奈，"取经"无果后只能自己瞎摸索，瞎摸索也没找到什

么出路，最后导致华南区当季的销售情况不太好。看到华南区的销售情况，李科十分不高兴，他觉得应该找周经理谈一谈，看看到底是什么原因。李科："周经理，最近工作怎么样？"周明："还行吧。"李科："'还行'是什么意思，有什么问题吗？你最近工作上好像不太用心，工作态度比较消极啊。"周明惊讶地看着李科，似乎很冤枉，想要解释什么，但终于还是把话咽了回去。李科："（叹了口气）你知道，前任经理在的时候，我根本就不用操心华南区的销售、客户基础也非常好，现在怎么会搞成这样？"周明听到后也默不作声。李科没能通过谈话找出一个解决办法，甚至也没弄清是什么原因影响了华南区的销售、问题出在哪里了。从中我们可以看到，好的绩效目标不会自动实现，李科需要运用良好的绩效沟通与辅导技巧，帮助员工实现绩效目标。

要想员工在绩效考核周期顺利达到既定的绩效目标，甚至优于绩效目标，除了做好绩效计划和绩效沟通之外，必不可少的就是绩效辅导了。绩效辅导就是在绩效考核的过程中，管理者根据绩效计划、绩效目标，采取适当的方法对下属进行持续的指导，以确保员工工作不偏离组织的战略目标。

应如何进行绩效辅导呢？下面，我们来看一看绩效辅导的常见程序，如图6-1所示。

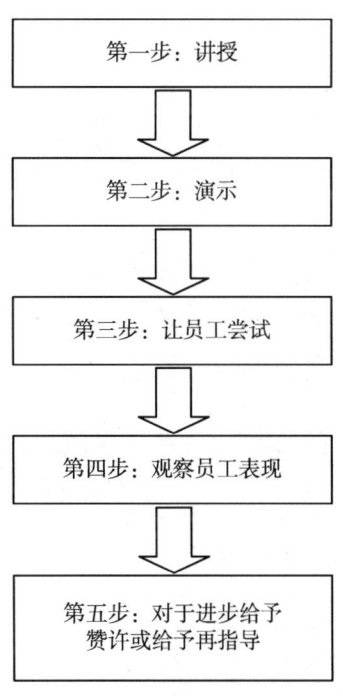

图6-1 绩效辅导程序

另外，绩效考核也是绩效管理过程中非常重要的一个环节，甚至有很多企业就把绩效考核作为绩效管理，先不论这种做法是否妥当，但也能从某个方面反映出绩效考核的重要性。那么，绩效考评都有哪些方法呢？

宏达公司是一家有着一百来号员工的中小型企业，马力是这家公司的人事主管。近日，宏达公司老板在同行那里听说"360度绩效考评"很有效果，他便让马力也来弄个360度绩效考评在公司推行下去。马力知道公司现用的绩效考评方法确实有些不合理的地方，但是，也没有想出什么合适的改进方法，既然老板都要求了要在公司全面推行360度绩效考评，那么，就照着老板的意思来吧。不久，马力通过参考一些文献和同行的做法拟了一个360度绩效考评方案。

拟好方案后，在老板的授权下，马力便在公司大力宣传该方案了，公司员工也似懂非懂地接受了。然而，在实施的过程中，却出现了种种问题。大家的抱怨很多，先不说有些员工趁着360度考评给平时有过节的同事打低分，导致绩效考核结果并不一定那么准确。最大的问题是，在整个公司推行360考评实在是把员工都搞得身心疲惫，对于宏达公司这样一个中小型企业来说真的有些"劳民伤财"。成本花了，却没有达到老板想要的效果，这也让马力十分头疼。360度绩效考评实施不下去了，总得想个适合自己企业的考评方法吧。

确实，360度绩效考评并不适用于所有的企业，它更适用于比较稳定、大型的企业；同时，也不是适用于全体员工的绩效考评方法。在中小企业推行全面360度绩效考评，成本实在太大。

大家都知道，在绩效管理的过程中，绩效考评起着关键性的作用，绩效考评做得是否成功将影响到整个绩效管理的成败；尤其是在我国中小企业实行绩效管理的过程中，他们通常是将绩效考评作为一个最主要的部分来操作的。因此，必须足够重视绩效考评才能保证绩效管理取得成效。那么，有哪些更加适合中小企业的绩效考评方法呢？我们来看看表6-3。

表6-3 中小企业常用绩效考核方法

绩效考核方法	具体内容
个体排序法	把员工的工作绩效按照从好到坏的顺序进行排列，即对一批考核对象按照一定标准排出"1，2，3，4，5……"的顺序。这种排序方法简单易行，但只适用于考核同类职务的人员，考核的人数也不宜过多，因此，比较适合规模较小、人数不多的中小企业

续表

绩效考核方法	具体内容
配对比较法	将每一个员工与其他员工进行比较，任何两位员工都要进行一次比较。两名员工比较之后，相对较好的员工记"+"，相对较差的员工记"-"。所有的员工相互比较完毕后，将每个人的得分相加，谁的总分越高，绩效考核的成绩越好
强制分布法	设定员工的工作行为和工作绩效呈正态分布，按照正态分布的规律，员工的工作行为和工作绩效好、中、差的分布存在一定的比例关系，在中间的员工应该是最多的，好的和差的是少数。因此，强制分布法就按照一定的百分比，将被考评者分到各个类别中
关键事件法	由上级主管对下属工作事迹进行记录，记录的这些事迹主要分为两种：一种是做得特别好的，另一种是做得不好的。在一定的时期内，通常是半年或一年之后，利用积累的记录，由主管者与被测评者讨论相关事件，为测评提供依据。其主要原则是认定员工与职务有关的行为，并选择其中最重要、最关键的部分来评定其结果
目标管理法	通过主管人员和其下属共同参与制定双方都认可同意的目标，来使组织的目标得到确定。在目标管理法下，每个员工都确定有若干具体的指标，这些指标是其工作成功开展的关键，它们的完成情况将作为评价员工绩效的依据

上面介绍的是几种常用的绩效考核方法，需要强调的是，中小企业在选择绩效管理方法、绩效考核方法的时候一定要重视适用性，要接地气，这样才能保证绩效管理发挥它的重要作用。

被人们称为"管理之父"的法国工业家亨利·法约尔曾经做过这样一个实验：他挑了20名技术水平相当的工人，把他们分成了2组，每组10人。然后，在相同条件下，让他们同时进行生产。每隔一个小时，他就回去检查一下工人们的生产情况。对第一组工人，法约尔只是记录下他们各自生产的产品数量，但是，并不告诉工人他们的生产速度。对第二组工人，法约尔不但对生产的产品数量进行了记录，而且告诉每个人他们各自的生产速度。每一次考评完，法约尔都根据考评的结果，在生产速度最快的2个工人的机器上各插一面小红旗；速度居中的4个人，每人插上一面小绿旗；最后的那4个人，则各插一面黄旗。这样一来，每个工人的生产速度到底如何，就一目了然了。

实验的结果表明：第二组工人的生产效率远远高于第一组工人。可见，把考评的结果反馈给员工是非常重要的，绩效反馈是绩效考评的延续，不仅能够为员工的努力指明方向，更能激发员工的上进心和工作积极性，从而提高企业的整体绩效。因此，能否及时有效地对考评结果进行反馈、面谈，将直接影响到整个绩效考评工作的成效。

绩效反馈时应该注意反馈技巧，不能带有个人情绪。在进行反馈时，要先消除员工的紧张情绪，建立融洽的谈话气氛；在反馈的过程中要注意语气平和，要肯定员工的长处以及做得好的地方，要给员工多说话的机会，让他们发表自己的意见，允许他们解释。绩效反馈是一种沟通，而不是一种指责。

绩效反馈结束，并不意味着绩效管理的结束，绩效考核结果的运用是绩效管理的最后一个环节。绩效考核的结果达成一致后，要做的工作就是对绩效考核结果的应用。下面，我们来看看 H 与 F 公司是如何运用绩效考核结果的。

每到一年一度绩效考核工作的时候，H 公司除了忙着做今年的会计决算和来年的财政预算外，经理和员工们又开始了一年一度的被他们称之为"表演的绩效考评"了。人力资源部将表格发给各个部门，让员工和各级管理者在上面打分，然后派人收齐，在上面签上名，再交给人力资源部。人力资源部根据考核结果计算员工的奖金，纸面上的工作都按人力资源部的要求完成了，人力资源部也很满意，于是，每个人都又结束表演，回到了现实的工作中去。忙碌一时的绩效考评工作就这样"完成"了。通过 H 公司的案例我们发现，H 公司仅仅把绩效考评作为员工奖惩的依据，而没有考虑到这个考评结果的其他用途。实际上，在绩效考评结束后，除了绩效考核结果在薪酬方面有所体现外，仍有大量的工作要做，绩效考评的完成并不代表着绩效管理的结束。如果绩效考评的结果仅仅只作为员工奖惩的依据，那么，绩效管理是远远发挥不了其重要作用的。

F 公司也刚完成了一年一度的年终绩效考核，与 H 公司不一样的是，F 公司从高层到基层都十分重视这次绩效考评，他们不仅在考核的过程中做得很细致，考评的结果也得到了公司全体员工的认可；而且，他们还把考评的结果充分地运用了起来，最终实现了员工和企业绩效的共同提升。那么，我们来看看 F 公司是把绩效考核的结果运用到了哪些方面（见表 6-4）。

表 6-4　　　　　　　　F 公司绩效结果运用的方面

绩效结果运用的方面	具体内容
人力资源规划	通过绩效了解评价组织中现存人员的数量和质量，获得所有员工晋升和发展潜力的信息，以便为人力资源战略规划服务

续表

绩效结果运用的方面	具体内容
员工招聘	通过对绩效评价结果的分析,确定招聘员工时需要用什么样的标准和指标,为企业招到合适的人才
培训与开发	通过绩效考评的结果了解各个员工的优势和劣势,确定哪些员工需要培训,需要培训哪些方面。在培训的过程中对员工加以引导,帮助他们发展和明确自己的职业生涯规划
薪酬的分配与调整	当绩效与薪酬合理挂钩时,会对员工更具激励作用
职位变动	通过绩效评价和反馈,我们可以了解员工是否适合本职位的工作,如果不适合,可以考虑把他调动到更能发挥他个人优势的职位去。还有晋升与下调,也是根据绩效考评的结果来决定的
处理内部员工关系	公平公开的绩效评价,为员工加薪、奖惩、晋升、调动和辞退等提供公平客观的依据,这能够最大限度地减少人为因素对管理的不利影响,从而保证员工内部关系的和谐

第7章 莫让薪酬成"心愁"

在知识经济时代,企业之间的竞争归根结底是人才的竞争。如何吸引人才、留住人才是企业的重要任务。而想要吸引人才、留住人才,就需要企业建立起具有激励作用的薪酬体系。薪酬作为企业必须付出的人力成本,是企业吸引和留住优秀人才的重要手段。企业只有建立一套完善又行之有效的薪酬体系,才能将企业的人力资源转换为竞争优势,从而为企业创造效益。

7.1 薪酬的奥秘

薪酬到底是什么,不同的人站在不同的角度,有不同的看法。员工认为,薪酬是自己为企业提供劳务而获得的报酬;投资者和经营者认为,薪酬是企业的一项成本,给员工工资是为了推动企业经营目标的达成,以获得更多利润。

S公司是一家创立于2001年的高科技公司,公司以生产加工为基础,其产业包含了技、工、贸一体化,即从技术研究(科研环节)到工厂(生产环节)再到贸易(流通环节)的一体化。S公司已在高新技术行业经历了近10年的风雨,凭借对市场机会的精准把握、对企业经营的深刻理解,以及社会力量的支持,公司靠诚信的作风以及优良的产品,获得了较好的效益,赢得了客户及同行的信任及尊重。公司拥有一大批中青年技术人员,并聘请了经验丰富的技术专家亲自参与、指导工作,在电子、化工、办公自动化等诸多领域,从事开发、生产、销售、咨询、维修和技术服务等经营活动。

公司领导层安排人力资源部张经理负责员工薪酬,张经理提出了以职位为基础的薪酬体系,其基本设计思路是通过对每个职位所要求的知识、技能以及职责等因素的价值进行评估,根据评估结果将所有职位归入不同的薪酬等级,每个薪酬等级包括若干综合价值相近的一组职位。然后，根据市场上同类职位的薪酬水平，确定每个薪酬等级的工资率，并在此基础上设定每个薪酬等级的薪酬范围。张经理认为这一薪酬体系充分考虑到了公司的实际情况，再加上2010年公司产品的市场需求非常旺盛，应该能够使公司在除去员工薪酬等成本后，获得较丰厚的利润。

时间很快到了年底，张经理拿到了企业经营情况的相关数据，他头疼地发现，全年利润只有10%，而年初公司承诺技术员工的提成及奖金还尚未扣除。张经理一时犯了难，一边是不断上涨的人力成本，一边是不断减少的公司利润，他又想起了公司老总李某在年初下达的工作任务，顿时感到压力倍增；同时，他也非常疑惑，因为年初设定的薪酬体系，经过各方的考虑和论证，没有发现太大的问题，可为何最后的结果却不尽如人意呢？

就在张经理因如何解决这个难题而烦恼时，他突然被告知李某请他去办公室谈谈。张经理怀着忐忑的心情来到李总的办公室，李总微笑着招呼张经理坐下，沉默了一会，用低沉的声音说道："张经理啊，你也是在公司待了很多年的老员工了，有些话我就直说了。公司这一年的利润情况，相信你已经有所了解了，公司这一年的利润额比去年增加了，但成本一直居高不下，尤其是人力成本。"张经理听到这里，表情也严肃了起来，李总又继续说道："你去认真调查一下利润过低的原因，然后给我交一份调查报告和解决方案。"

回到办公桌前，张经理让自己的心情平静下来，他意识到公司管理高层也已经注意到了公司利润过低的问题，看来在人力成本这一方面确实还存在一定的问题。但是，问题究竟出在什么地方呢？张经理很快安排部门员工对企业内外部环境进行了认真调查，他们发现，人力成本过高是造成公司年度利润过低的主要原因之一；公司当前的薪酬结构设计也没有起到很好的激励作用，核心员工的工作积极性不高。具体表现在，公司的人均收入远高于同行业平均水平，但公司紧缺的人才（如项目经理、经营管理人才等）的收入却低于社会平均水平，例如，公司收入最高的项目经理年收入不到12万元（同行业其他公司项目经理收入可达40万元），而社会上可以随时招聘来的一般员工却取得了高于社会平均水平的收入。如此的薪酬结构，导致公司总体人工成本居高不下，一方面人才流失严重，难以吸引公司急需人才，另一方面却又有很多的平庸人员充斥其间。

当初薪酬体系的构想是合理的，但张经理也没有想到的是，执行却出现了偏差，甚至影响到了公司的利润，看来，一场薪酬制度的改革势在必行。张经理通过与部门员工和公司高层的反复讨论,最终确定了"薪酬与业绩挂钩,合理拉开工资差距"为核心的薪酬制度。新的薪酬制度对设计人员一律实行低薪酬、高提成的薪酬管理办法,同时,与回款率挂钩。要求每个技术人员每个月至少要完成万元的项目,底薪一律为 2000 元(以前为 3000—6000 元),不能完成的降职为助理,底薪为 800 元;同时,实行自动淘汰机制等。

薪酬制度改革在公司轰轰烈烈地展开了,起初遭到了很多员工的质疑和抱怨,但是半年的时间过去,公司管理高层满意地看到人工成本的降低,S 公司的盈利状况逐渐在好转。经过薪酬制度改革的 S 公司,在高新技术行业展现出迅猛发展的势头。

对大多数企业来说,薪酬是企业总成本的重要组成部分,一些企业的工资成本占企业成本的 30% 或者更多。因此,如何设计和管理薪酬的整个分配和运作过程、评价员工的绩效、促进劳动质量的提高、激励员工的劳动积极性,使企业获得最大限度的回报、留住和吸引优秀人才、塑造良好企业文化,成为管理者的重要职责。

对员工来讲,从企业获得的薪酬,能满足他们的生存需要,对他们的生活起到保障作用,没有一定的经济收入,员工就不可能有安全感,也不可能有与其他人进行交往的物质基础;员工只有得到有保障的、稳定的收入,才能安心工作,才能增加对企业的信任感和归属感。此外,应使员工按时领取薪酬,让员工感到他人的努力也能成就自己,让自己定期有收入,增强员工对企业的认同感和团队意识。

7.2 薪酬调查的几种方法

我们常听到员工说:"××公司工作又轻松、工资又高,哪像我们公司,工作压力大、工作任务重,工资还比人家低,真没意思。"所以,公司如果不能解决好外部公平性问题,就会影响到员工的工作积极性,最终可能导致优秀人才的流失,也无法吸引到优秀人才的加入。

某市 R 公司开展计算机销售和软件开发等业务。员工主要包括软件开发人员、营销人员、行政人员和财务人员。在创业之初,公司力图通过降低人工成本来提高产品竞争力，各类人员的薪酬定位处在当地同行业薪酬区间的下限，这导致了员工的流失率居高不下，大部分员工在企业没干多久就会离开。有一次，公司接到了几笔软件开发的大订单，急需一批研发人员实施项目，因此，R公司不得不紧急对外招聘研发人员，但由于项目计划时间有限，研发人员从招聘到投入项目工作需要一定的时间，公司只能靠少数几个研发人员和没有太多研发经验的实习生实施项目，最终项目没能按期完成，遭到了客户的不满和抱怨，影响到了公司的声誉。

痛定思痛，R公司从这次的失败中进行了反思，很快调整了公司的薪酬水平，将核心的岗位如研发和销售岗位的薪酬，都上调到了同行业的平均水平。同时，对公司的人力资源总体状况进行了一定的研究，制订了未来3—5年的人力资源规划，提出了各部门需要招聘的人才数量以及相应的职位要求。很快，R公司招聘到了一批有经验且学历较高的员工，由于薪酬水平的提升，员工的流失率也大大下降，公司的运营状况逐渐稳定，经营效益越来越好。但是，两年过去了，公司的发展似乎又遇到了瓶颈，目前的经营状况只能算是行业里的中等水平，和业内顶尖的公司存在较大的差距，公司内部几乎没有什么很拔尖的研发人才和管理者，随着市场竞争的加剧，R公司的发展前景实在不容乐观。此外，R公司的薪酬制度也在不断变化，造成不少员工对薪酬制度的不满意和不理解，甚至有一些骨干员工不愿再忍受制度的混乱，选择跳槽到其他公司。这时，恰逢经济形势的好转，R公司决定抓住这次机会吸引更多优秀人才，进一步壮大公司。于是，R公司将薪酬水平又调整到了同行业平均薪酬水平以上。这次薪酬的调整，使得公司招聘的信息一发布，就吸引到了很多应聘者前来应聘，大批高素质的人才进入公司，公司的知名度和影响力也得到了提升。

然而，这一策略在实行一段时间后，又出现新的棘手问题：一是公司在产品市场上竞争对手众多，对员工实行高薪并未带来经营利润的同步增长，人工成本的大幅度增加对企业造成持续压力。二是由于员工的薪酬水平高、现金支付量大、公司设置的加薪频率和幅度较小，同岗位人员的薪酬差别不大、上升空间小；随着时间的推移，其他公司的员工薪酬水平不断增长，逐渐赶上R公司的薪酬水平，一些"紧俏"人才的离职倾向又开始抬头。三是由于按岗定薪、薪酬水平较高，人才的流动率大大降低，过去靠人员自然流动就能解决的人员更替和人岗优化工作却难以为继，出现了想让走的人不愿走、不想让走的人却要走的尴尬局面，一些有能力、有潜力却没有重要岗位的中青年骨干不断离开公司。R公司也试图去解决这些问题，但他们不知道如何去解决，也不知道利用什么方法去解决。

R公司遇到的问题，其实质是薪酬外部公平性问题。我们知道，公司员工不仅会在公司内部与同事比较薪酬，也会与其他公司员工比较薪酬，当员工感觉到薪酬与其他公司员工有差距时，就会觉得不公平，这就是外部公平性。一般来说，要解决外部公平性问题，作为企业，首先应该了解其他企业是怎么做的，它们的薪酬水平如何，这就是我们通常所说的薪酬调查。如何解决外部公平性问题呢？我们先看看Y公司是如何做薪酬调查的。

Y公司是一家是集工业互联网、政务信息化、智慧城市应用于一体的系统集成解决方案供应商，也曾遇到和R公司一样的问题：优秀员工流失严重，内部员工经常抱怨老板太抠，公司很难吸引优秀人才加盟等。为了解决这些问题，Y公司经过充分调查研究发现，问题的症结在于公司内部员工薪酬水平和市场差距太大。为此，Y公司组织了一次行业薪酬调查，下面是Y公司具体的调查方案：

Y公司的薪酬调查方案

1. 调查的目的

本次薪酬调查旨在通过调查智能制造行业不同岗位、不同层次人员的薪酬状况，为Y公司建立一套科学、合理并具有外部公平性的分配机制。

2. 调查对象选择

调查对象主要是全国智能制造行业中与Y公司规模相当、地域差别不大的企业。

3. 调查方式的选择

本次薪酬的调查将在外部管理咨询公司的协助下进行。具体分工如下：Y公司负责本地区部分食品加工企业的薪酬调查；管理咨询公司负责国内同规模食品加工企业薪酬水平的调查。所有的调查都将采用结构式调查问卷的形式进行。

4. 调查结果的运用

根据调查结果，为了吸引更多优秀的人才加盟Y公司，将对不同级别的岗位和员工采取不同的薪酬模式：公司副总级员工、部门经理级员工、大学毕业生基本按照市场水平执行，其他员工按照略低于市场水平执行。

接着，Y公司开展了为时近2个月的薪酬调查工作，下面是本次的薪酬调查结果（见表7-1、图7-1）。

表 7-1　　　　Y 公司现有工资表及外部薪酬调查　　　　单位：元/月

职　位	现有工资	外部薪酬调查水平		
		25 分位	50 分位	75 分位
前台	2554	1688	2259	2492
司机	2919	2140	2582	3590
出纳	2737	1788	2172	2536
采购兼行政专员	4105	2360	2803	3796
运维工程师	2600	1939	2647	3424
销售助理	3558	2254	2895	3491
现场工程师	3193	3457	4375	6540
会计	3649	4048	4451	6345
采购专员	3649	4048	4451	6345
客户经理	6569	4951	7360	12052
运维主管	3832	3080	3950	6688
服务经理	5018	4224	7225	11363
售前技术工程师	6386	3457	3948	7854
人事主管	4562	4172	4668	6712
运营主管	4197	4172	4668	6712
行政经理	5109	6617	7300	9840
项目经理	3978	4224	7225	11363

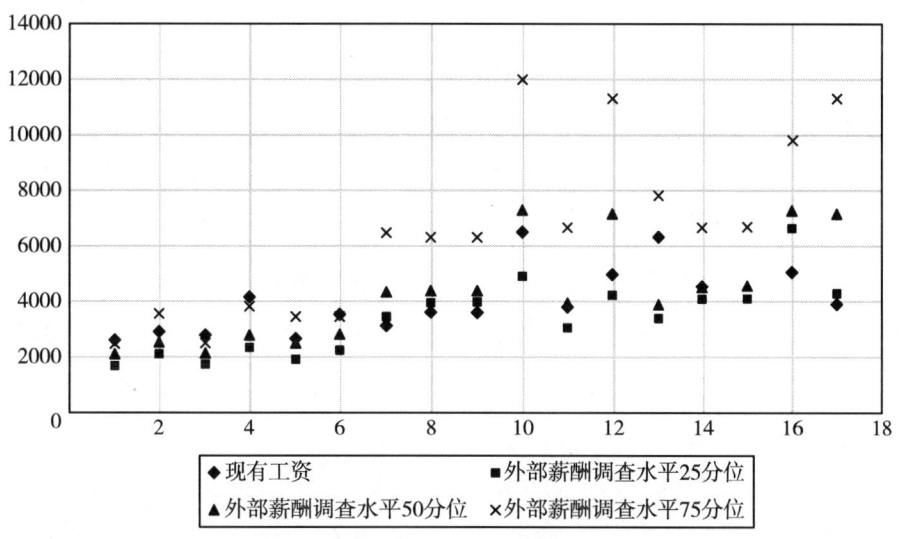

图 7-1　Y 公司现有工资与外部薪酬调查散点图

(1) 普通职位的薪酬分析。从表 7-1 和图 7-1 中的散点分布状况来看，前台、出纳、司机这些较低层级的职位的工资水平高于市场薪酬调查的 75 分位数，也就是说，这些职位的工资水平是高于 75% 以上企业的，这显然是不合理的。对此类在劳动力市场上随时可以找到的员工，企业的选择余地比较大，从企业成本和外部竞争性的角度看，企业对此类岗位应采用市场追随政策或拖后政策，要求就是将工资定位在与市场平均薪酬相等或稍低一点的层次上。

(2) 技术人员及基层管理人员的薪酬。对表 7-1 的数据和图 7-1 的散点图分布状况进行分析可以得出，此类岗位的现有工资水平在市场上处于一个比较低的层次上，这显然不符合薪酬管理的战略性决策。对于此类中等岗位，劳动力是略有竞争性的。此时，企业应当采取市场追随政策，根据市场的平均水平来确定本企业的薪酬。使用这种政策，可以使企业确保自己的薪酬成本和竞争对手保持一致，从而不至于在市场上处于不利地位；同时，又能使企业保留住现有员工，吸引到足够数量的员工。

(3) 中高层管理人员的薪酬分析。管理人员可能是企业在进行薪酬管理时需要重点关注的群体，管理人员激励水平的高低，会直接影响到企业的经营绩效和员工的工作满意度，进而影响企业的竞争力。而从表 7-1 和图 7-1 中可以很明显地看出，企业目前中高层管理人员的薪酬水平是低于市场上大部分企业的，这显然是不合理的。对于此类岗位，往往需要采用薪酬领袖政策来吸引和保留管理人员，并带领企业员工为企业创造更大收益。

可见，薪酬调查的可靠性与科学性直接影响薪酬设计的科学性，企业可以采取如下方法进行薪酬调查：(1) 从招聘网站获取信息。通过公开的招聘网站对各公司的薪酬进行了解，查找与公司同类职位的薪酬信息，但是，这类信息只能供参考，价值不是很高。(2) 通过与 HR 同行交流互通获取信息。各行业都会有行业聚会或学习交流平台，在各种场合会结识相同兴趣爱好的同行，大家在不公开的情况下互通信息也是正常的，这种信息来源相对较为真实。(3) 通过财务人员与同类行业交流互通获取信息。可以从与其他公司财务人员的交流中获取所需的相关信息，从财务人员处获得的具体的薪酬信息一般有较高的真实性。(4) 通过招聘面试获取信息。发布相关职位的招聘信息，从应聘者口中了解其他公司的薪酬水平、福利待遇、奖惩等。使用这个方式时需要注意识别应聘人员所说的薪酬福利的水分，把所有应聘人员所给出的信息进行一个综合，然后得出相对真实的中间数据作为参考。(5) 关注政府发布的薪酬信息。

每年政府都会有相关的薪酬指导信息发布，我们可以把新闻媒体、官方网站上政府发布的信息作为参考，这些信息的真实程度高，但没有针对性，只能作为一种调薪幅度的参考依据。（6）专业的调查机构。聘请专业的调查机构，进行有针对性的薪酬调查，这种调查获得的数据准确性高、信息全面，对企业来说省时省力，但调查时间相对较长、费用较高。

7.3 如何做好薪酬方案

做好薪酬方案的第一步是做好岗位价值评估。企业的员工不仅会拿自己的付出与收入进行比较。而且会和自己周围的人进行比较。我们经常会听到这样的话："我们这个部门就是吃力不讨好，工作很多，收入还不高，责任大，不像有的部门，工作轻松，工作环境又好，收入还很高。""我们公司是会哭的孩子有奶吃，最会嚷嚷的几个人工作轻松、待遇又好，哪像我们这些老实人，只有吃亏了。"其实，这些话都反映了一个问题，就是分配的内部公平性，解决不好会引起很多矛盾，严重的时候甚至会导致公司运作受到严重影响。

TB 是某市一家金属材料供应商，公司发展迅速，经过几年的努力，由一个小企业成长为年销售额达 3 亿元的企业；企业的管理制度和组织结构也不断优化，成为行业内很有竞争力的企业。TB 公司为了进一步发展壮大，计划在外地开设一个分公司，于是，决定内部招聘一些销售人员。内部招聘的信息发布之后，很多之前没有做过销售业务的员工纷纷前来竞争，经过层层筛选，最后来自采购部的一名员工成功入选。但是，这名员工还没有到分公司报道，采购部的经理就找到了人力资源部张经理。张经理对采购经理的到访很纳闷，详细了解后才知道，采购部经理对骨干员工即将离开去分公司做销售很不满，他诉苦说："我也理解你们人力资源部也是为公司的发展考虑，要从内部选拔优秀的员工去分公司工作，但是，公司也要考虑我们采购部门的情况啊。采购部门培养一个员工很不容易，从原材料的生产到购买，从生产厂家的初步沟通到长期合作的达成，都需要花很多时间，好不容易培养出一个骨干了，又因为内部职位的调换就要离开。员工自己要追求更高的薪酬水平，这我也没法阻拦，我知道我们采购部的工作经常外出，没有销售部的工作环境好，但是人才离开了，我们采购部的工作就很难开展了,我真的不希望我部门的员工去销售部。"

张经理一时犯了难,他也认为采购部确实有难处,这时,销售部经理也找到了张经理,同样诉苦说:"我们销售部承担着公司很重要的业务,自然需要招更多优秀的人才进来,别的部门都说我们工作环境好,不该拿那么多工资,可是,我们每个月的压力多大他们不知道,我们要负责联络客户和维护客户关系,公司的销售额都是靠我们部门的员工拼出来的。既然公司已经内部选定了人才,不管是哪个部门的,就该到销售部门来工作。"

人力资源部张经理听完了销售经理的一番话后更加烦恼了,他理解每个部门的难处,但是,分公司的新项目马上要开始了,近期各部门人员就要到位,张经理一时也找不到好的解决办法,只有多次召开会议,在部门内讨论,和领导商议。然而,各部门经理都不肯退让,坚持认为自己的部门最重要,不该把人才调到其他部门。公司上下因为这一个职位的变动闹得沸沸扬扬,采购部竞聘成功的员工也背负了一些压力,最终离开了公司。从采购部和销售管理部门两位经理的话中可以发现,他们都是从自己的角度出发,说自己部门的工作重要,主要涉及如下几方面:工作难度、工作责任、对外联络的难度或者频率、工作环境等(见表7-2)。

表7-2　　采购计划员与销售管理员岗位价值比较表

	采购计划员(A)	销售管理员(B)	评价	原因
工作难度	由于是买方市场,与供应商交往过程中处于有利地位(1分)	主要沟通对象是客户,不确定性大(2分)	A<B	客户是企业生存的根本,与客户沟通的难度大,而与供应商沟通的难度相对比较小
工作责任	企业的主要成本在采购,采购控制与计划对企业的影响大(1分)	信用管理的主要部门,对企业应收款的安全性影响很大(1分)	A=B	采购部门是公司重要的成本控制点,对公司很重要,而信用管理也是重要的控制点。所以,两个岗位在工作责任上同等重要
对外联系的难度	经常联络,但难度较小(1分)	经常联络,联络难度较大(2分)	A<B	客户是不容易控制的,而供应商相对比较容易,销售管理员难度大
工作环境	要组织供应商绩效管理,需要出差(2分)	在办公室工作,很少外出,有空调(1分)	A>B	不用外出,所以,销售管理员工作环境比较好

通过对以上几个因素的分析，我们可以看出在这4个方面谁更重要。如果我们给每一个项目赋予不同的分数，就可以进行量化的比较。通过以上的比较我们知道，采购计划员得到的分数是5分，而销售管理员得到的分数是6分。综合来说，销售管理员对企业的重要性比采购计划员要高，这也就是为什么销售管理人员工资要高一些的缘故了。经过这样的比较后，TB公司的人力资源经理就可以说服采购部经理了。总而言之，内部公平性是企业设计薪酬时需要考虑的首要因素，通过岗位价值分析，我们需要建立一个可以适用于企业所有岗位的模型，通过这个模型对所有的岗位进行评价，评估出岗位之间的相对重要性。

做好薪酬方案的第二步是做好职级薪酬设计。职级是指将工作内容、难易程度、责任大小、所需资格皆很相似的职位划为同一职级，实行同样的管理与报酬。职级是体现职务、能力、业绩、资历的综合标志，同时，也是确定员工薪资待遇及其他待遇的重要依据。

Y市F公司成立于2001年，是一家集科工贸、产学研为一体的现代医药股份制企业。公司注册资本7000万元。多年来，公司被评为省级创新型试点企业、省级农业产业化龙头企业、中国中药材饮片出口十强企业、中国经济最具发展力企业。2010年公司投资2亿元，建成现代中药生产、研发、物流产业园，包括精制中药饮片、中药提取、中药制剂、健康功能饮料、医疗器械等5栋现代化生产车间、行政办公楼、研发楼、员工宿舍楼及大型冷藏库等项目，规划建筑面积达9万平方米。随着新项目的投产运营，公司连续3年销售收入增长30%以上，2012年公司实现销售目标9亿元，创利润0.8亿元，实现进出口额5亿元。

在新的起点上，F公司深化企业内部改革，完善管理与运营机制，优化产业结构，实现公司绿色、可持续、跨越式的发展。F公司本着"全面、协调、经济、高效"的原则，整体分为管理、生产、质量、供应、研发、销售等11个部门，对口4位副总经理；4位副总理直接对总经理负责，F公司的组织结构如图7-2所示。

根据职级设置的原则，将F公司职位的职级范围为设置为1—13级，职位职级越高，职位的职责复杂性越高，对企业的价值贡献越大，具体职位分布见表7-3。

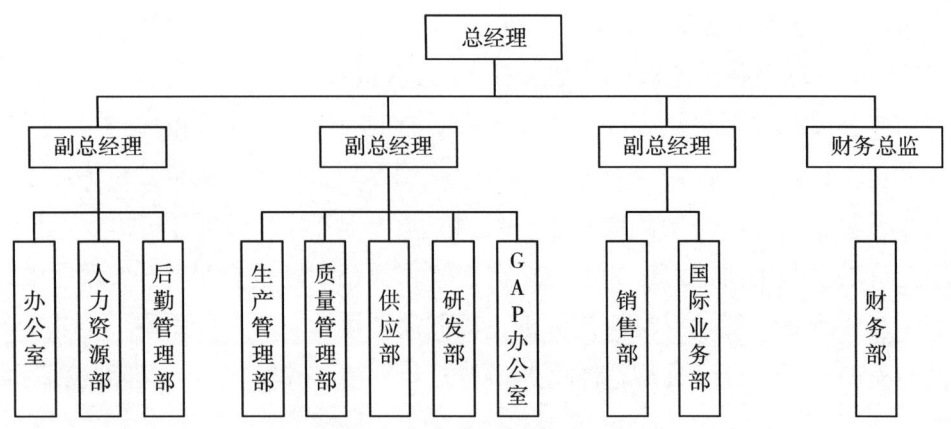

图7-2 F公司组织结构图

表7-3 F公司职位分布表

职位分布	职级	职位分布	职级
总经理	13	助理管理员	7至8级
副总经理	12	工作员工	3至6级
部门经理	10	司机、保安	1至4级
主管	9	保洁	1至2级

对照职位,设计岗位对应薪酬如图7-3所示,其中,岗位越高,薪酬越高;并且,越高岗位间的薪酬差越大。如1岗和2岗间薪酬差为100元,13岗和12岗薪酬差则为9000元。此方法设定可以更好地吸引优秀人才,并激励员工努力工作,向高岗位发展。

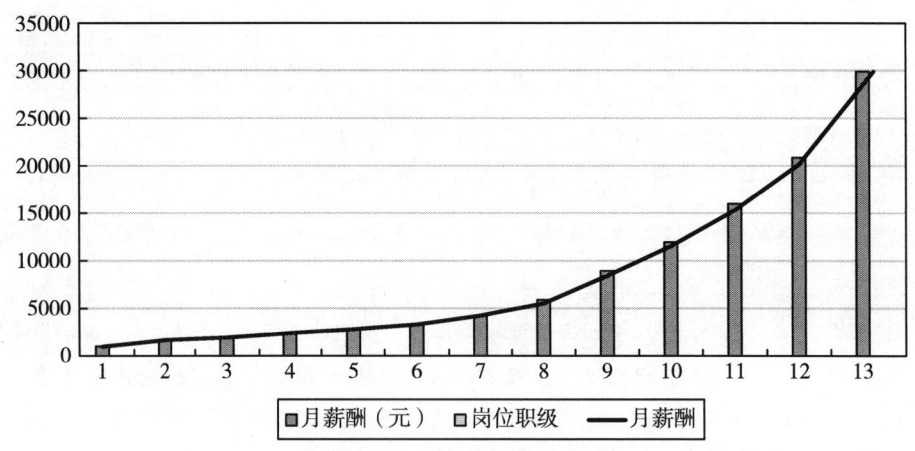

图7-3 岗位薪酬对应图

每两个岗位间又设置三档，分别为 25 分位、50 分位和 75 分位。分位制制定法是为了让管理者可以更有弹性地面对劳力市场薪资行情变化；并且，同一职级的员工，可因其工作绩效等因素给予适当的差异变化调节，增加员工的积极性。当员工的薪酬分位到达该岗级最大月薪酬（100 分位）时，可适时考虑对员工进行晋级。具体每分位对应的薪酬见表 7-4。

表 7-4　　　　　　　　　　　分位薪酬对应表

职级	基准月薪酬（元）	25 分位（元）	50 分位（元）	75 分位（元）	最大月薪酬（元）
1	1200	1225	1250	1275	1300
2	1300	1350	1400	1450	1500
3	1500	1600	1700	1800	1900
4	1900	2050	2200	2350	2500
5	2500	2725	2950	3175	3400
6	3400	3725	4050	4375	4700
7	4700	5150	5600	6050	6500
8	6500	7100	7700	8300	8900
9	8900	9675	10450	11225	12000
10	12000	12975	13950	14925	15900
11	15900	17175	18450	19725	21000
12	21000	23250	25500	27750	30000
13	30000	35000	40000	45000	50000

岗位与薪酬挂钩规划好后，设计新进员工的岗位起始点则比较关键。参考当地薪资水平，根据职位和学历的不同，设计无经验人员起始职级和起薪点见表 7-5。

表 7-5　　　　　　　　　　　新员工起始职位及起薪表

学历	实习期对应职级	对应月薪（元）	正式期对应职级	对应月薪（元）
中专	3	1500	4	1900
大专	4	1900	5	2500
本科	5	2500	6	3400
硕士	6	3400	7	4700
博士	8	6500	9	8900

从表 7-5 可以发现，新进员工实习期为半年，岗位为正式期的下一职级。当实习期表现优异时，方可转为正式员工，此方法可有效帮助员工在实习期中努力掌握本岗位技能，更快捷高效地融入企业。

7.4　薪酬与激励

在我国大多数企业里，薪酬在相当长的时期内仍是激励员工最有力的方式，而不合理的薪酬则会严重影响到员工工作的积极性。基于岗位价值和业绩导向的薪酬结构和岗位绩效薪酬逐渐成为薪酬设计的主流。但是，在运用过程中，很多企业并没有把握到绩效薪酬的本质，那么，该如何使绩效薪酬更好地激励员工呢？

莱亚模具生产厂有近 700 名员工，是专业生产塑料模具的老厂家，具有多年的模具制造经验，一直保持稳定的发展势头；但这两年效益不断下滑，甚至一度面临发不出工资的窘境。厂长张达华知道上级领导对他非常不满意，想换掉他，但是，企业负担过重，产品积压太多，贷款不能及时收回，分配机制不灵活，模具厂的经营现状存在较多问题，即便换一个厂长也不能起到多大作用。休假期间，张达华和一位朋友聊天，提起莱亚模具厂的状况，感叹地说："我也是一筹莫展，现在做模具的企业那么多，产业政策又不向我们倾斜，加上企业多年来积累的一些问题，不管换谁来当厂长，都难以解决。"朋友问他："我听说很多乡镇企业经过一定改制都发展得很好了，你们模具厂为什么不行呢？"

张达华的朋友描述了乡镇企业的优势，不仅有政策支持，而且机制灵活，而莱亚模具厂的发展困境都是长期积累下来的问题，短时间内要改变很难。"可是你是厂长，你可以调整你们厂的管理机制，如果连你都放弃了，那你们厂未来还有什么希望呢？"朋友紧接着的追问让张达华一时语塞，他突然反应过来，与其等领导把自己换掉，还不如拼一把，发挥厂长的作用，对莱亚模具厂的管理机制进行调整。张达华首先认真分析了当前的问题，主要是产品积压太多，贷款不能及时收回。于是，张达华在全厂发布招聘销售员的通知，大幅度提高销售提成，各部门的员工都可以参与销售，奖金上不封顶。这个策略并不是张达华的突发奇想，而是他很早以前就思考过的方案，只是过去一直担心工资和奖金的调整会引起员工的不满，但现在整个厂处于改革转型的关键节点，张达华也顾不了那么多了，即使有员工不满，也比到时厂里完全发不出工资好，必须尽快设立销售奖金。

招聘销售员的消息一通知下去，整个厂的气氛都活跃了起来，生产部门的员工纷纷加入了销售的队伍，连行政部门的员工也踊跃参与模具的销售中。经过全厂员工的共同努力，积压的大部分产品很快销售了出去，而且很多员工都拿到了比之前奖金高出很多倍的销售提成。张达华看到奖金激励的作用如此显著，非常兴奋，于是想到，为何不用奖金激励来解决产品质量问题呢？因此，他又规定哪个班组的产品合格率高，哪个班组就发奖金。这一措施推行以后，产品的质量也得到了逐步提升。

经过半年奖金的激励，整个厂的业绩大大提升了，张达华见到领导也更有底气了，领导还表扬了他的工作能力。想到半年前还差点因为发不下来工资而万分焦急，张达华这次感受到了奖金的巨大作用。因此，他又想到，为何不把奖金制度进一步推广呢？在研发、设计、生产和销售的环节上，都可以发挥奖金的激励作用。于是，张达华召集了各部门负责人开会，共同商讨奖金扩大发放的办法，最终讨论出了以下3点措施：（1）所有的车间主任、部门经理都有奖金的发放权，每次发放奖金数额不得超过300元，每个月发放奖金数总额不得超过1200元；（2）针对表现特别优秀、业绩特别突出的员工，主管和经理有权向厂长申请奖金，金额不限；（3）所有的当月奖金，当月发放。

这一系列措施一经推广，整个厂又一次沸腾了起来，全厂上下的员工干劲十足，以往居高不下的次品率，现在一直保持在很低的水平；以往迟迟不能销售的产品，很快就被员工销售了出去。半年后，莱亚模具厂的销售额比去年增加了3倍，员工收入也比去年翻了一番。全厂终于摆脱了经营困难、工资发不下来的困境，展现出良好的发展势头。就在张达华对一切都感到非常满意的时候，他渐渐发现了奖金制度的一些问题：过去非常正常的撰写部门计划的工作，现在也要发奖金才能完成，否则被员工无限制地拖着不做；副经理和副主管，由于难有突出的贡献，工资水平甚至比拿了奖金的基层员工还要低；有些部门的不良风气盛行，规定拿到奖金的必须请客；甚至有些主管给员工申请到了奖金，会收取一部分奖金作为回报，下属碍于领导的权威，也常常敢怒不敢言。这些问题的出现让张达华又一次陷入了焦虑，奖金制度继续推行下去，企业成本会上升，唯利是图的不良风气会滋长，奖金制度的弊端逐渐显露。但是，不推行奖金制度，又无法激励员工，模具厂的效益难以提升。

出现这种情况的原因到底在哪里呢？其实，仔细分析以后，我们不难发现，经过长时间奖金激励政策的执行，莱亚模具厂的奖金已经成为很多员工工作报酬的一部分，使用的范围过大，变成了每个月员工必有的收入。绩效工资既然有了基本工资的含义，就变得必不可少，一旦减少绩效工资，员工就会无法接受，整个厂的奖金都只能再增长，不能下调。在莱亚模具厂的员工看来，原来的绩效工资太低，实施奖金制度之后，工资总额等于基本工资与奖金的总和，如果没有了绩效工资，就等于工资减少了，当然不会答应。而在管理者张达华的眼里，奖金是绩效工资，没有绩效就应该没有奖金。所以，员工和管理者对奖金的认识是不同的。由此可见，绩效工资的激励效果在短时间内可以体现出来，但是，在制定绩效工资制度时，必须谨慎考虑，明确其在正常支付的工资中所占的比例，以及如何计算绩效薪酬。

在薪酬管理中，企业、组织会根据所处环境的不同采取分配策略。企业应该根据自己的重点来决定如何有效配置资源，进而决定自己的薪酬策略。而薪酬只有适应企业战略的发展，才能有效支撑企业发展战略的实现。

E企业是一家已有10年发展历史的民营纺织服装企业，从家庭作坊起步，一路发展到现在拥有500名员工、年产值7000万元的企业。随着企业的不断发展，企业的薪酬也发生了若干阶段的变化。在企业最初成立的阶段，没有多少员工，主要是由创始人老周和他的亲人构成。老周负责跑市场，家人就负责采购和制作等环节，企业成立初期的工作也没有太多技术含量。随着企业的经营规模的扩大，老周开始购入纺织设备，并雇用工人。第一批工人生产一段时间后，出现了很大的问题：不同生产班组之间的生产效率有较大差距，有一定纺织技术和经验的工人能够在规定时间内完成纺织任务，但有些毫无经验的员工此时只完成了一半的纺织量。为了充分调动员工的生产积极性，老周决定实行计件工资制。工人被重新分配到不同的小组里，每个小组按生产量来计算工资。随着规模的扩大，管理人员也逐渐增多，但管理人员工资的总体水平低于制造部门的工人，甚至出现了车间主任的工资比拿计件工资的班组长工资还要低的现象，管理人员的工作积极性较差，管理效率低下，工人怠工、旷工现象时有发生，影响到了生产服装的质量。而当时的市场竞争不太激烈，同类型的生产厂家较少，客户没有什么选择余地，对质量问题也只能抱怨而没有办法。老周其实很早就发现了这些管理问题，但由于企业每年的盈利状况都很稳定，他所设想的对管理水平的调整和产品质量的提升措施也没有付诸实践。

然而，好景不长，随着企业的进一步发展，E企业周围出现了很多新的纺织企业，这些企业虽然成立时间不长，但是受政策支持，大多都设备先进，从外地招聘来了很多技术熟练的工人，产品质量也很不错，对E企业的销售造成了一定的冲击。客户可选择的生产厂家多了、要求也越来越高，E公司面临着严峻的竞争压力。这下老周坐不住了，他也感受到了竞争的压力，冷静下来，他仔细分析了企业目前的问题，主要需要调整的就是计件工资制，这种薪酬计算方法，在过去为企业带来了很好的效益，但也导致了工人之间的竞争激烈，技术熟练的工人不愿意把技术传授给技术一般的工人，导致了企业整体的生产效率不高。因此，老周打算从内部的调整做起，加大对员工技术的培训，提高生产效率和管理水平；此外，也要从外部招聘一些技术熟练的工人和有能力的管理者。

找到了问题的突破口后，老周迫切地将新的方法推行了下去，然而，结果却不尽如人意。在内部培训的问题上，技术熟练的员工都不愿意把技术教给其他的员工，担心其他员工学到了技术，自己的收入就会受影响。管理人员认为这些工作增加了自己的工作量，自己的收入又没有多少提升，工作的积极性很低。眼看着内部培训措施无法起到预想的效果，老周只好转移方向，准备从外部招聘一些技术熟练的工人和管理人员。可是，招聘信息发布出去之后，前来应聘的人并不多，一些应聘者得知薪酬水平后直接表示拒绝，最终愿意加入的应聘者也不是企业想要的。

经过一系列的努力和失败后，老周反复思考，又进一步调整了方法，决定奖励那些愿意将技术经验贡献出来的员工，按贡献大小发放绩效奖金；同时，为了吸引外部人才，提高企业的薪酬水平，新加入的技术熟练工和管理人员，可以拿到企业现在岗位薪酬水平2倍的薪酬。这两个措施执行下去后，E公司终于出现了令人惊喜的变化：一些技术熟练的员工开始主动要求传授技能给其他员工，前来应聘的人员络绎不绝，其中，不乏经验丰富的管理者和技术熟练的工人。E公司的生产效率逐步提升，产品质量也开始好转，市场上对企业的好评不断，E公司终于走出了困境。

E公司的发展经历了2个阶段，充分体现了薪酬与企业发展战略之间的关系。在企业成立的初期，竞争不太激烈，E公司主要的战略是降低成本、提高生产效率，因此，采用的薪酬管理方法是计件工资制，有效激励了员工的生产积极性，促进了企业的发展。但在企业进入第二个发展阶段后，计件工资制的弊端逐渐暴露出来。此时，同行竞争激烈，行业发展趋向成熟，企业规模进一步扩大，顾客对产品的质量要求更高，这就要求 E 企业进一步提升生产效率和管理水平，与此相对应需要技术更高的工人和能力更强的管理者。E 公司最后通过内、外部的薪酬政策的调整，最终使薪酬政策和企业战略彼此协调，促进了企业的发展。

中小型企业应结合自身的特点，扬长避短，以企业的发展战略为前提，围绕企业长远的发展目标，选择最适合自己企业的策略。人力资源部门还可以根据企业中员工的工作状态调整薪酬激励策略：如果员工的工作热情不高，可以采用高弹性的薪酬模式，加强浮动薪酬比例，缩小刚性成分；如果是因品牌弱小导致招聘困难的新兴公司，可以增加薪酬中的固定成分，让员工更有安全感。具体而言，中小企业可以采取的薪酬策略见表 7-6。

表 7-6　　　　　　　　　　　薪酬策略模式表

阶段	模式	分析
初创期：更看中激励因素，轻保健因素	重视核心员工激励	此时，企业通常在资源、品牌、资金、人才和市场等方面都相对匮乏，因此，需要把资源向市场、营销、产品研发、核心生产线、服务等创造价值的环节倾斜
	加强外部竞争	薪酬设计会受到初创企业的规模、发展目标，产品的生命力、竞争性、被市场接受的程度等多因素的影响和制约。因此，要加强核心员工薪酬的外部竞争力
	弱化内部公平	因主要业务流程及组织架构会经常变化，常存在一人多职或职责交叉的问题，要弱化对内部公平性的关注
	提高弹性福利	企业流动资金较为紧张，固定薪酬与激励不太可能是市场高分位，要减轻财务负担，就要弱化薪酬的刚性。弹性薪酬与激励福利必须要设计到位，如：设计合理优化的提成制度，加大绩效奖励的比重和调节范围。遵循"干得多，拿得多，激励大"的原则
	长期激励	考虑"核心人才"的马斯洛需求层次，短平快的薪酬福利不会有很好的优势，而良好的股权激励、未来职务晋升等的效果会更好
快速成长期：激励、保健两手抓	内外兼修	主要业务流程与组织架构慢慢稳定，岗位职责开始明确，企业进入规范化管理阶段，以职位为基础的薪酬体系应是此时最佳选择
	公平	"不患寡而患不均"，此时，需要充分利用基于岗位评价与岗位分析的薪酬宽带，配套相对公平合理的绩效考核

续表

阶段	模式	分析
成熟稳定期：稳定最重要	薪酬与人才晋升、长短期激励、灵活多变的激励更紧密结合	企业一旦到了成熟稳定期，可能就意味着会有产品转型、部分员工因得不到晋升或者长期激励而退出企业的情况。因此，此时要将核心人才的长期激励加大，对普通员工采用更灵活多变的激励的形式

当然，中小型企业基于自身的发展特点，制定的薪酬策略一定要具有灵活性。有效的激励型薪酬策略同时也是具有竞争力的，这种竞争力体现在对于薪酬的风险收入部分预期的高低。如果通过比较，激励型薪酬总收入高于其他类型薪酬总收入，那么，这种激励型薪酬就是成功的和具有竞争力的；同时，薪酬策略也应符合企业的实力，考虑企业的承受能力，将薪酬总成本控制在一定范围内。

7.5 不同类型员工的薪酬激励

公司的员工大致可以分为销售人员、高层管理人员、行政管理人员、生产系列员工、辅助及后勤服务人员等几种类型。每种类型员工的薪酬激励方式有着很大的区别。销售是企业发展的龙头，一个企业一旦没有了销售，就没有了利润，也就没有生存下去的源泉。企业想要在竞争激烈的市场环境中生存下去，必须摆脱传统的工资结构，将销售人员的工资收入和企业的经营状况以及员工实际工作成果挂钩。

安家乐公司是某市一家生产净水器的厂家，小赵是公司的人力资源经理，最近，他因为销售人员的工资问题而十分苦恼。公司过去一直采用销售额和回款率这两个指标来决定销售人员的工资，这起到了很好的激励作用，公司整体的销售额多年以来都保持着稳定的水平，而且这两个指标简单明了，操作起来也很容易，因此被公司一直沿用至今。但前段时间，销售经理找到了小赵，要求小赵调整销售人员的考核方法。小赵感到非常疑惑，便向销售经理询问具体的原因，销售经理解释说，依据销售额和回款率对销售人员进行考核，逐渐导致了销售人员对其他工作的忽视。例如，销售经理要求销售人员进行客户的回访，销售人员总是应付了事；安排销售人员完成上一阶段的工作总结，制订下一阶段的销售计划，销售人员总是拖着不去完成。更严重的是，有些销售人员为了拿到更多的销售提成，和客户商量好，如果客户愿意购买更多的产品，就给客户更低的销售价格，最终严重损害了公司的利益。此外，这些销售人员普遍流动性很大，当发现他们工作上的问题时，他们已经要跳槽了，或者就只注重眼前利益，不关注自己和公司的长远发展，赚取一些提成后就开始谋划着跳槽。公司现有的销售额和回款率的考核指标，无法很好地约束销售人员，长此以往，对企业的发展很不利。小赵听完后也非常感慨：没考虑到销售人员高工资的背后还有这么多的问题。于是，他和销售经理共同商议，一致认为销售人员工资不应该只和销售业绩挂钩，而应该把管理的因素也加进去，于是将销售人员的工资结构调整为：销售人员薪酬＝销售回款指标＋综合指标。

讨论结束后，小赵将调整后的销售人员工资结构上报给了公司领导，没想到遭到财务经理的反对。原因是综合指标的增加，将会导致销售回款指标的占比下降，如此一来，销售业绩对销售人员的工资影响会下降，无法激励销售人员的工作，长期这样下去，会影响到公司的销售收入。财务经理的建议让小赵陷入了深思，他细想后也觉得很有道理，那么，要怎么改进，才能使销售人员既重视销售业绩又重视管理呢？于是，小赵又经过了反复的研究和讨论，最终将销售人员的工资结构调整为：销售人员薪酬＝销售回款指标×综合管理指标。这次经过调整的方案，得到了公司领导和各部门经理的赞同，实施后也果然起到了严格管理和稳定销售额的作用。

从安家乐公司的例子中，我们可以看到，销售人员绩效工资的设计要具备科学性和全面性，否则，将不利于公司的发展和管理。那么，在实际的管理中我们该如何设计销售人员的薪酬呢？下面提供一些方法作为参考：

我们可以将销售人员的薪酬结构设计为：薪酬总额＝岗位工资＋工龄工资＋津贴补贴＋销售提成。

第一，岗位工资。参考同行业其他企业情况及公司政策制定薪酬结构。具体职级及薪资标准见表7-7和表7-8。

表7-7　　　　　　　　销售系列各职位等级表

职位等级	管理类	销售类
1	大区经理（省区经理）	—
2	—	销售经理
3	—	销售员

表 7-8　　各职位等级薪资标准　　　　单位：元/月

职位等级	1	2	3
职位薪资	4000	850	800

销售员只有当本月回款额达到为其规定的任务目标时，才能全额领取职位薪资，如未能完成本月任务指标，则按未完成比例扣除职位薪资中的相应比例金额，至扣完为止。为体现管理连带责任，如某大区当月回款任务指标未完成，则按未完成比例扣罚大区经理职位薪资，具体数额为：未完成指标扣罚数额＝大区经理职位薪资×（1－大区每月实际回款额/大区每月计划回款额）。

第二，工龄工资及津贴补贴与公司其他职位相同。

第三，销售提成。该部分是销售系列人员薪酬的主要组成部分，公司根据市场实际情况，规定每种商品的回款期限，在规定回款期内回款的，按照既定的提成比例即 7.8% 给销售员提取提成。但为了避免销售员为了多铺货，不顾商家资质、信誉，以致给企业造成损失情况的发生，每笔提成款在发生时只按 5% 的比例给付，剩余 2.8% 的提成款企业暂时提留，作为销售员的风险抵押金，当有风险货款发生的时候，企业根据销售员须承担责任的大小及货款追偿情况确定销售员应该赔偿的金额，并在企业从其提成款中提留的部分中扣除；年底，销售员如完成回款任务，则剩余的提成款一次性返还给销售员，如未完成任务，则根据未完成数额在提成款中相应扣罚。

大区经理不参与直接销售，因此，无销售提成工资，但有回款完成奖。其数额为：回款完成奖＝该大区完成当月回款任务额×0.1%＋超当月回款计划金额×0.2%。同时，大区经理同样要承担市场风险责任，每月从大区经理应得的回款完成奖金额中扣留 30% 作为风险抵押金，当有风险货款发生时，根据大区经理在其中所应承担的责任确定其赔偿金额，并从其提留的风险抵押金中扣除。年底，剩余的风险抵押金一次性返还。

高层管理人员包括总经理、副总经理、总工程师、财务总监等岗位，其薪酬结构为：薪酬总额＝岗位薪资＋绩效薪资＋风险薪资。

岗位薪资按照评估结果确定的职位等级的薪资标准按月发放，用于保证高层管理人员的日常生活开支，岗位薪资与公司的经营绩效没有关联。绩效薪资部分与公司的经营业绩直接挂钩，高层管理人员的考核采取上一级考核下一级的原则，即总经理的考核由公司董事会负责，副总经理、总工程师、财务总监的考核由总经理负责。公司每年根据战略目标和年度经营计划，责成总经理与董事会签定目标责任状,各分管副总与总经理就各自分管工作签定目标责任状。责任状中详细规定考核的内容、指标和计分细则,半年与目标责任状对照一次,确定考核分值。

为保证高层管理人员与公司同舟共济,高层管理人员每年初要上交风险抵押金,其数额为其岗位年薪的 40%;年底,视公司的经营计划完成情况,兑现高层管理人员风险薪资,此部分薪资的设置,主要是将高层管理人员的利益与公司的经营、发展、风险、利益直接挂钩,突出高层管理人员对企业的责任承担。风险薪资兑现金额见表 7-9。

表 7-9　　　　　　　　风险薪资兑现表

风险薪资	风险薪资兑现系数	风险薪资兑现额
K	L	K×L

注:风险薪资兑现系数(L)=公司当年销售回款总额/公司当年销售回款目标×20%+公司当年利润总额/公司当年利润目标×80%。

以总经理为例,假如其岗位年薪为 120000 元,则其风险抵押金为 120000×40% = 48000 元,如当年实际销售回款 22000 万元,计划回款 20000 万元,实现利润 1500 万元,计划利润 1200 万元,则其风险薪资为 48000×(22000/20000×20% +1500/1200×80%)= 58560 元,如数返还其缴纳的风险抵押金 48000 元和应得的风险薪资 58560 元。如当年未完成计划指标,实际回款 19000 万元,实现利润 1100 万元,则其风险薪资为 48000×(19000/20000×20% + 1100/1200×80%)= 44312 元,则其只能得到 44312 元的风险薪资。

职能型员工除了高管以外,还包括基础的行政管理人员。其管理人员的薪酬结构为:薪酬总额=岗位工资+工龄工资+绩效工资+津贴补贴。

岗位工资用以保障岗位人员及其家庭的基本生活,每年底,根据当年 4 次绩效考核的综合成绩,确定下一年度岗位工资的额度。绩效薪资是薪酬中的非固定部分,与岗位绩效考评结果紧密联系,各岗位的绩效薪资依据岗位人员绩效考评的结果每季度发放一次。工龄工资及津贴补贴两部分,根据公司工龄工资及津贴补贴的规定对号入座发放。福利部分包括社会统筹保险(养老保险、医疗保险、失业保险、工伤保险、生育保险)及企业自发为员工投保的其他保险。

一线生产操作人员及其他辅助生产员工属于生产系列员工。其薪酬结构为:薪酬总额=岗位工资+计件工资+津贴补贴+工龄工资+产品合格率。

一线生产操作人员的工作成果容易量化。为调动他们的积极性，将薪酬与产量直接挂钩，以计件工资为主；同时，设立岗位工资，以保障员工的基本生活，增加员工的安全感。为防止出现生产操作人员只重产量不重质量的现象，特设定产品合格率奖，即每道工序的产品成品一次性合格率达到98%以上，即对该道工序给予该批产品价值0.05%的奖励。其他辅助生产员工如机修车间和质检人员等，根据每月生产一线操作员工平均工资的一定系数确定薪酬。

关于辅助及后勤人员，在公司主要是起辅助和服务作用，如清洁员、保安、食堂人员等。这些人员的工作岗位不需要很高的专业技术，人员的流动也不会对企业造成很大影响。在劳动力市场上明显供大于求，企业很容易招聘到这类人员，因此，企业中这类人员的数量应尽可能减少，人员的薪酬结构也相对简单，其薪酬结构为：薪酬总额＝岗位工资＋津贴补贴＋工龄工资。如果公司规模较小，外包也是一个不错的选择。

第 8 章　企业需要被文化包围

管理者带领团队将他们的价值观、行为准则和知识储备成了企业文化的"胚胎",企业文化犹如一个孩子,开始长大。员工的价值观决定了他们对事物的判断。如何做最佳雇主,实现从员工满意到员工敬业,文化落地是关键。企业文化本就是柔性的、混沌的、说不清楚的,与其期待机制,不如管理人心。

8.1　走近企业文化

发明一种产品并不少见,但将其发展成产业,这在中国家电史上却极其罕见。若你想知道如何将一个创意变成市值百亿元的上市公司,而且市场占有率连续 15 年超过 80%,那么,让我们来了解一下九阳豆浆机的故事。

豆浆从汉朝到 20 世纪 90 年代,已有超过 2000 年的历史,但一直无法像咖啡一样借助咖啡机的研磨方便地进入一般家庭生活。传统方法做一杯豆浆,需要约 8 个小时,九阳豆浆机创始人王旭宁改变了这一切。1994 年,刚大学毕业的王旭宁,从小爱喝豆浆却又嫌制作过程(粉碎、研磨、熬煮、过滤)太麻烦,于是潜心研究,在一个校办研究室里发明了九阳第一台豆浆机。那时,25 岁的王旭宁还在济南铁路成人中专做老师,电机专业出身的他发明豆浆机的想法很简单,只是为了能方便、及时地喝杯豆浆。王旭宁将自己名字中的"旭"字拆开来,冠名为"九阳豆浆机"。

小小一台豆浆机上有 105 个专利。九阳公司目前已成为全球最大的豆浆机制造商之一,还是豆浆机行业的主导品牌。王旭宁曾经说过:"企业不论大小,都应重视企业文化的建设。企业文化建设是否能够采取搞运动的方式,在两三年里就建成呢?显然是不行的。最好是从企业小的时候就开始着手企业文化的建设，因为大了以后再去建设企业文化就比较困难了。一个企业文化底蕴有多深，企业发展的可能就有多大，浅薄的企业文化怎么会帮助企业持久地发展呢？"

豆浆文化在中国已存在 2000 多年，代表了一种健康的生活理念和养生哲学，但在快节奏生活的冲击下，豆浆文化的生命力渐微。应该说，中国并不缺乏充满东方智慧的传统文化，缺少的是能将其做适应现代生活的科技转化。古代的大孝子刘安因母亲患病，用磨豆的浆液侍奉母亲，就这样发明了豆浆。九阳豆浆机让快速便捷地喝豆浆成为可能，拥有 2000 年历史的中华豆浆文化，再次活跃在世界的舞台！

于是，在九阳大事记中便出现了围绕豆浆知识所进行的系列重大举措，如各地开展的寻找"豆浆老人"、举办"豆浆饮食与健康"有奖征文等活动，在中央电视台《夕阳红》栏目设立"大豆与健康"知识专题节目，在《天天饮食》栏目开设"豆浆——饮食文化周"节目，等等。九阳的目标是要做一个百年企业，堪称雄心勃勃。综观世界上百年不衰的企业，都有一个共同特点：重视企业文化建设，不以追求利润为唯一的目标，都有超越利润的社会目标。这是他们共同的企业价值观，也是企业文化的核心之一，而这也正是九阳公司努力学习的地方。

具体到九阳企业，企业文化概括为八个字，即"人本、团队、责任、健康"。以人为本就是既要尊重员工，又要发挥其潜能，鼓励员工自觉地融入团队中，在九阳，自私的、不协作的员工是不受欢迎的，也是没有前途的；九阳企业的价值观是做有责任感的企业，对员工、消费者、合作者与社会负责任，并在企业经营中努力让他们感到满意；九阳的健康理念是让员工拥有健康的身心和健康的生活方式，企业拥有健康的机制，以保证长期生存和发展。

每一个企业在发展过程中，不管规模大小，都必有其独特的文化雏形，这些雏形刚开始可能是来自创业者的某种直觉，用来指导和约束员工的成文或不成文的条例和规范，并有意识或无意识对企业员工进行灌输，使之融入企业管理行为中，自觉自愿地遵守所形成的约束激励机制，久而久之，就逐渐形成企业自己独特的价值观、道德观、凝聚力，使之推动企业高速发展，达到企业文化之真正内涵。

企业文化，或称组织文化（Corporate Culture 或 Organizational Culture），是一个组织由其价值观、信念、仪式、符号、处事方式等组成的特有的文化形象，简单而言，就是企业在日常运行中所表现出的各方面。企业文化由 3 个层次构成：（1）表面层的物质文化，称为企业的"硬文化"，比如工厂的厂容、厂貌、机械设备、产品造型、外观、质量等；（2）中间层次的制度文化，包括领导体制、人际关系以及各项规章制度和纪律等；（3）核心层的精神文化，称为"企业软文化"，包括各种行为规范、价值观念、企业的群体意识、职工素质和优良传统等，是企业文化的核心，被称为企业精神。

创始人带领创业团队把企业做起来了，他们的价值观、行为规则和知识储备成为企业文化的"胚胎"，奠定了企业文化的基调。而后，他们用自己的标准选人，决定谁走谁留、谁升谁降等。企业文化犹如一个孩子，开始长大，被塑造成型。员工的价值观决定了他们对事物的判断，然后，会形成一些组织规则的共识，大多数员工的行为特征都被校调到同一个频道上（如海尔的创新创业，海底捞的宾至如归，华为的加班文化）。再后来，在行动的过程中就会沉淀成制度、方法、SOP等知识，犹如野中裕次郎的"知识螺旋上升模型"一样逐渐累积。要想脱离管理系统的重构来谈文化塑造，本来就是天方夜谭，老板定义不出文化，创始人可以把文化做成标语挂在墙上，但没办法把文化放在员工的心里。

2017年3月，海尔CEO张瑞敏赴美国进行商务考察，被问道："国外的很多前沿学者都认为激励员工更多的不是靠钱，而是创业的热情。如果按照这种逻辑，是否直接找一些有激情的员工就行了？"张瑞敏答道："关于员工真正需要的是什么，马斯洛、泰勒、梅奥都给出过解释。泰勒认为员工是经济人，于是，企业就设计出了相对严苛的德尔考核体系；梅奥认为员工是社会人，企业又开始给出了更加亲和的环境；马斯洛认为员工的需求有多个层次，于是，我们将组织设计得更加复杂。我们还一直在这些理论中摇摆，但这些理论都没有能够解决真正的问题，我们永远在找员工需要什么，而不是让他们去寻找自己的目标。海尔的人单合一，就是把用户的价值与员工的贡献连接起来，给他们一个选择的机会。"

道理再简单不过，当员工的收获来自他们为用户创造的价值，员工可以自己去寻找自己的意义，物质利益还是精神收益，不是由企业或老板来定义的，是他们自己去寻找的。其实，员工的需求多样化，老板们根本无法去定义，这道难题的解法应该是——企业搭建平台来满足用户的需求，这才是走向企业文化机制设计的意义。

8.2　从员工满意到员工敬业

小陈公司旁边有一家海底捞。有一天中午,她坐公交车去公司上班,旁边是一个娇小的妹子,穿着海底捞的工作服,妹子脸上有那种让人很舒服的笑容,让人觉得有很发自肺腑的幸福感。海底捞工作人员主动跟小陈说话,道:"你是不是很久没去海底捞坐坐啊,都不怎么认识你啊?"小陈说:"我刚到××公司上班,还没去过海底捞呢。"海底工作人员说:"××公司离海底捞可近了,夏天这么热,你应该去海底捞坐坐,尝尝冰镇酸梅汤和炒黄豆,我们的炒黄豆和炸虾片可好吃了,吃的时候我们还可以帮你擦鞋、修指甲。"小陈敷衍她说:"真有那么好吃?改天我去尝尝。"结果她还来劲了,说反正不远(其实,从海底捞到小陈的公司有500多米呢),中午也闲,我等下给你送过去让你尝尝吧。小陈拗不过她,就给了她名片。结果,她还真的去了,带了一大瓶塑封的酸梅汤、果盘和炒黄豆。从那以后,小陈在公司附近请客都去海底捞,并且这件事在公司传开了以后,连领导、主管聚餐也会优先选择海底捞了。

大部分人对海底捞的第一印象就是它那优质到极致的服务态度。海底捞在1994年从一个四川简阳的街边小火锅摊,一跃成长为遍地开花的连锁餐饮企业,用口碑和事实书写了管理界的一个惊人神话。其员工的敬业人所皆知,而这样温馨的亲情服务不是靠高标准要求出来的,也不是上级能够培训出来的,而是传递出来的——将别人对自己的亲情传递给顾客,将自己受到的感动传递给顾客,这才是亲情服务。要传递就要有来源,谁来给员工亲情呢?谁来感动员工呢?关爱是感动之源,只有企业先付出关爱,员工才能被感动。在海底捞,他们认为"关心员工"不是一项独立的考核标准,而是所有工作的根本。

海底捞员工为何这么敬业?其创始人张勇先生有过一句话——"把人当人看"。"把人当人看",首先是满足员工的基本需求。海底捞为那些离开家乡、离开父母的年轻人提供一个新的"家",满足了这些员工来到城市的基本需求。海底捞"关爱员工"的做法给人留下了非常深刻的印象。这些做法中,有些是制度化的,比如,新员工高标准的宿舍和员工餐、各种各样解除员工后顾之忧的后勤保障和福利;有些是融入企业文化的,比如,各级管理者的对下属的关爱行为。"满足基本需求"是员工敬业的"基本前提"。

海底捞更重要的是为员工"成就自我"提供了舞台。其员工大多来自农村，不像城里的幸运儿，有机会通过高考或者"拼爹"获得社会地位、成就和体面的生活。但他们也有梦想，渴望过上幸运儿同样的生活——这是他们内心深处最强烈的需求。海底捞创始人张勇曾经说过："其实每个人来公司是想打工挣钱的，当一个没怎么念过书的员工发现他还可以成为领班、经理的时候，可能就会迸发出格外的激情，要想留住员工，归根结底还是机制问题，一个公平的、公正的、合理的升迁体系是保证员工愿意干下去的一个前提。"

对一个人的信任是对他最大的尊敬，而信任的标志就是授权。海底捞从总经理到区域经理，从店长到服务员，都有不同的权力。比如，因正当理由给顾客赠送菜品或给顾客免单等。正因为这样的授权，与顾客直接打交道的服务人员能更好地掌握并及时满足顾客的需要。

除了员工的绩效工资由8个板块组成，海底捞还会给每个店长的父母发工资，子女做得越好，他们父母拿的工资会越多。优秀员工的一部分奖金，由公司直接寄给父母。此外，在海底捞工作满1年的员工，若1年累计3次或连续3次被评为先进个人，该员工的父母就可探亲1次，往返车票公司全部报销，其子女还有3天的陪同假，父母享受在店就餐1次。

宿舍与门店距离步行不超过20分钟，宿舍都是正式小区或公寓中的二、三居室。宿舍内配备电视机、洗衣机、空调、电脑、网络，并安排专门的保洁打扫房间，工作服、被罩的洗涤外包给干洗店。海底捞还会给优秀员工配股，一级以上员工享受纯利率3.5%的红利。

通过父母工资、员工住宿、员工餐饮、员工假期，以及工作到一定年限和级别后的红利、收益等超出同行1倍的福利待遇，海底捞大大提升了员工的满意度并且留住了熟练员工。自然，员工越敬业、越努力工作，得到的薪酬补贴就越好，形成了一个良性循环。

走入企业文化管理的老板，都喜欢假设人性，想象员工的需求。什么是老板想象出的那种员工呢？老板们喜欢不断用Y理论来为自己背书，他们强调，金钱只是员工追逐的一部分，而且这种激励模式的效果是边际效用递减的。他们经常举一个例子。

一群小孩砸一户民宅的玻璃，户主多次劝说，软硬兼施，孩子们依然继续捣蛋。于是，户主对孩子们说："这样吧，你们来砸，砸中1块玻璃我就给1块钱。"孩子们砸得更起劲,也如约拿到了奖励。过了2天,户主降低了奖励额度,砸中1块给5角钱。孩子们没有那么积极了,但仍然继续砸玻璃。再过了2天,户主又道:"我没钱了,给不了奖励了。"孩子们就不干了,这家民宅再也没有被骚扰。

说到这里,老板们开始理直气壮了:金钱激励是不持续的,还是得靠文化。于是,在公司内部帮员工找寻"人生的意义",灌输心灵鸡汤。务实一点的,将团结、求实、拼搏、奉献等口号挂上墙,一大帮咨询公司因此而致富,它们更像一个广告公司,而企业文化的咨询项目几乎成了一个无风险、高收益、稳赚不赔的"好生意"。

关于员工满意度的理论很多,赫茨伯格的双因素理论把影响工作满意度的因素划分为保健因素和激励因素。[①] 双因素理论开创性地提出了工作满意度中的"满意"和"不满意"的不对称问题,让人们对工作满意度有了更深入的理解。

员工满意度是指员工根据自己的参考标准对工作各构成要素的情感性反应,即员工以自己的时间、体力、脑力和情感付出,与公司提供的薪酬福利、认可与奖励、晋升、职业发展与培训等回报进行交换,并对此交易进行全面评估后的满意程度。而员工的敬业度被定义为能将自我与工作角色相结合,使得个人在工作角色中能有实质的、情感上的与认知上的自我表达。学者认为员工在工作中能保有自我,就会注入活力到工作行为中,并且通过工作展现自我。高敬业度员工在工作中拥有愉快和满意的、有意义的与有价值的感受。

为企业提供咨询服务的顾问公司更关注员工敬业度对组织的价值。从组织层面上看,员工敬业度是员工对于组织或团队在情感上和理智上的投入,是一种员工对组织付出精力、热情的衡量,高度敬业的员工想要并且实际采取行动去改善组织绩效。关于员工敬业度驱动因素的研究表明,工作特性、与主管的关系、与同事的关系、工作与生活的平衡、薪酬福利、制度与文化以及员工个人特质等因素对员工敬业度有直接的影响。

内部员工的状态甚至会影响股价。根据怡安翰威特的数据,员工敬业度升高1%,平均能使企业的股东整体回报率(TRS,衡量上市公司价值创造能力的一个重要指标,其计算公式为"期末股价−期初股价+股息/期初股价")升高

---

① 双因素理论(Two Factor Theory)亦称"激励−保健理论",由美国心理学家赫茨伯格在1959年提出。他把企业中有关因素分为两种,即满意因素和不满意因素。满意因素是指可以使人得到满足和激励的因素。不满意因素是指容易产生意见和消极行为的因素,即保健因素。他认为,这两种因素是影响员工绩效的主要因素。

1%。而员工对于自己企业的宣传意愿,也跟企业的客户满意度紧密相关。

人都是很现实的,没有人会平白无故地对一家企业忠心耿耿。经营状况好的企业,通常会加大对员工的投入,而受到关注的员工也会投桃报李。从这个角度讲,"好老板—好员工—企业赚钱"是一个类似"鸡生蛋,蛋生鸡"的良性循环。

那么,对员工的关注要怎么表现呢?很多人想到的可能是谷歌的超大游戏室、豪华员工餐,或是腾讯给员工的 30 万元无息贷款,年终奖等物质利益方面的红利,等等。但是,物质激励总是有穷尽的时候,人的需求欲望却是永远无穷无尽的。当企业不能再进一步升级硬件福利时,还有什么法宝吗?

有两种东西是所有员工都追求的:(1)被认可和尊重;(2)归属感。这是精神上的福利。最佳雇主做了很多灵活有效的示范,比如,对员工来说,自己一旦作了什么贡献,总会很乐意立刻被大家知道。因此,及时认可总是比年度大奖更有效。有的企业会利用公司内刊和微信平台,对作出贡献的员工进行及时报道,鼓励其他同事向其学习。虽然有点像幼儿园给小朋友奖励小红花,但它确实很受欢迎。

再比如,归属感的一个重要体现在于:遇到困难时,有没有人帮我?

对于某个以销售为主打的企业来说,员工分散在许多城市,营造归属感显得更难,但它采取的办法是在每个城市拨一笔活动经费,同时,建立起员工医疗帮助机制,当有人遇到困难时,立刻能找到求助的地方。人心都是肉长的,这样一来,员工会充满了安全感和对公司的忠诚感。

外资企业在中国是会受到很多挑战的,比如,经济增长由快转慢,管理层逐渐被中国人占领,来自本国的规则水土不服等。它们需要的,是对公司整体文化进行改革。比如,辉瑞制药中国区域公司,中文是其唯一官方语言,无论文件通知、邮件、宣传,还是人员日常交流,都是用中文进行的。在开会时,只要在场有一位中国人,所有老外都会自动带上同声传译耳麦,听即时口译。

又如友邦保险这种老牌的金融公司,层级文化根深蒂固。在办公室里,往往越资深的人座位越靠窗,越年轻的人都缩在角落里。但到了这个腾讯、淘宝都进军保险的年代,它的竞争力和活力显然只能依靠年轻人。因此,友邦保险除了其他层面的改革外,把办公室的座位也打乱了,不再论资排辈,以此表示对年轻员工的尊重和鼓励。

8.3 做最佳雇主

每个老板都期望员工可以为公司贡献最大的价值，每一个员工都希望老板可以看到自己的闪光之处。好的老板有什么样的特征？哪些东西是员工不断追求的？当老板和员工真正彼此了解的时候，最佳雇主就这样诞生了。

2018年10月9日，"2018中国年度最佳雇主"百强评选报告在北京发布，该报告由北京大学社会调查研究中心、智联招聘联合发布，共有30854家公司报名。[①] 报告显示，受访人才最看重的是企业是否尊重员工以及能否获得成长，对于理想雇主要素的排序中，雇主文化排第一。同时，最佳雇主的公司有以下几个特性：（1）员工乐意帮公司讲好话，也为自己是它一分子而自豪；（2）公司能保证员工加入前后的体验是一致的，不会凭空画大饼；（3）高层领导为企业描绘的愿景很清晰，员工也信赖领导的能力；（4）员工清楚自己的目标，也能跟企业共享成果。

到底是"最佳雇主"的声誉能帮企业赚更多，还是赚钱的企业才有可能做得更好？很难推论，但有一点是肯定的，员工的低流失率能为企业减少很多成本。

跳过槽的员工都知道，在临走前至少两三个月，员工的心已经不在这个岗位上了，工作效率明显降低。而这个位子空出来后，HR平均要花一两个月才能找到合适的人，通常级别越高的职位就越难找人。找到人后，还得留出培训、磨合的时间，中间又去掉3至6个月。也就是说，流失1个员工，至少会影响企业10个月的运作效率。根据领英等平台的数据，不同企业的招聘回复率也不同。发布1个类似的职位，最佳雇主收到的简历通常比平均量高一倍，这也缩短了职位空置的时间。

最佳雇主和最差雇主的差别在于，前者强调责任感，而后者强调成本缩减。做最佳雇主的一个关键点就在于尊重员工。"尊重员工"不只是劳动者的需求，更是企业自身长远发展的需求。企业竞争，本质上是人才的竞争，谁拥有了稳

---

① 详细榜单及报告可见新华网报道，https://baijiahao.baidu.com/s?id=1613994325585105280&wfr=spider&for=pc。

固而可靠的人才团队，谁就有可能在市场竞争中占据主动、争得先机。

有人说过这样一句话："我可以没有资金，可以没有土地，可以没有技术……但是，我不能没有人，有了人才就会有一切。"可见员工对于企业的重要性。其实，企业和员工就如同水与鱼的关系，他们是一个共同体，谁也离不开谁。对于企业而言，尊重员工才能让员工对企业有更强的归属感，才会让员工对所服务的企业尽心尽力地奉献，最终培育出"忠诚员工"。

据了解，美国成功的企业几乎都十分注重建立"尊重每一个人"的形象，他们不放弃任何一种可能的表达形式，甚至在平时交流的语汇选择上也有所体现。达纳公司则在一切报告和讲演中都使用"大家"的字眼，不用"工人们"的称呼；在麦当劳公司，所有雇员称为"伙伴"，而不称员工。这些做法确实有潜移默化的作用，且对国内企业不无启发。

2011年春节，有媒体报道，雅戈尔集团的子公司宁波雅戈尔日中纺织印染有限公司发出通知称，工人春节前后请假将扣3倍工资；而另一个形成反差的例子是，在四川内江威远县王宗慎的柠檬加工厂里，却仍有许多工人自愿加班忙碌着。工人徐丽说："我们的老板非常'憨厚'，他守承诺卖了房子，给我们100多名民工及时兑现工资，年关里老板正需要赶工，我们再多干几天回家也不迟。"

从雅戈尔"扣饷留人"到"憨老板"卖房发薪，做法不同，效果也迥异。我们经常讲，要用待遇留人。其实，待遇留人只是一个方面，用"心"留人则更为重要，并且贵在平时，而不是"用工荒""招工难"时才临时抱佛脚。那么，这些最佳雇主是如何打造企业文化的呢？研究显示，最佳雇主的企业文化就像是有机的组织，会随着企业内外部环境的变化而不断地优化完善，其在文化的建设上具有5项特质：

（1）建立与愿景一致的企业文化。企业文化的成功与否，关键在于企业文化本身是否与企业愿景和使命相一致。最佳雇主能很好地将企业愿景和使命与企业文化紧密联系，从而获得员工的认可，引导员工的价值观和行为。强生医疗的愿景是成为医疗行业的领导者和最值得信赖的合作伙伴。为此，该公司的信条是把客户和员工的利益置于股东之上。2008年的经济衰退迫使很多公司削减开支，甚至裁员，但强生医疗中国公司经过高层领导多番讨论后，仍然决定按计划给员工加薪并发放年终奖，并且保持原先制定的2009年员工培训发展预算。这项举措让员工实实在在感受到了公司对员工的关爱，这样的企业文化对愿景形成了有力的支撑。

（2）高层领导身体力行。无论是最佳雇主还是最差雇主，几乎所有企业的高层领导都认识到企业文化对提高员工敬业度和企业经营业绩的重要作用。然而，只有最佳雇主的高层领导真正扮演着"企业文化大使"的角色，他们奠定企业文化，笃信企业文化，提升企业文化，并且根据企业文化的要求进行决策。在强生医疗，高层领导不仅是企业文化的倡导者，更是以身作则的实践者。为了保证所有高层领导的言行与企业价值主张相一致，公司每季度会召开信条挑战研讨会，要求40多位最高层领导与会，重温强生信条，审查彼此的行为。

（3）用管理体系落实文化。最佳雇主将文化纳入其管理计划，以支持企业文化在组织内的有机发展。例如，地产公司万科在其价值观中明确地指出：人才是万科的资本，热忱投入、出色完成本职工作的人是公司最宝贵的资源。为了打造尊重人才的企业文化，万科秉持双赢的人才管理理念，尊重每一位员工的个性、个人意愿和选择的权利，为内部人才流动制定了一套完整的制度。这项制度规定，只要员工具有高绩效，而他理想中的部门愿意接受，他就可以获得在另一个部门的工作机会，任何人都无权阻挠。企业文化最终往往会通过员工的行为体现出来，因此，最佳雇主也很重视管理制度对员工行为的考量。44%的最佳雇主企业在决定员工的奖金时，员工的行为是否符合企业文化和价值观是一个重要依据，这一数字远高于最差雇主26%的比例。

（4）中层管理者支持文化落地。中层管理者作为企业内部承上启下的关键枢纽，在企业文化的落地过程中起着非常关键的作用。最佳雇主的中层管理者应理解、支持并身体力行地贯彻、落实企业文化，并将企业文化导入员工日常的工作行为中。在麦当劳中国，以人为本是公司7项核心价值观的第2项，它要求管理人员必须坚持投入时间和精力发展员工。调研显示，该公司82%的员工认为他们可以从经理那里获得必要的帮助以取得工作上的成功，75%的员工认为经理不遗余力地帮助他们发挥自己的潜能。显然，这里的中层管理人员用自己的实际行动诠释了组织的价值观。

（5）定期检验与持续改进。最佳雇主还定期、持续地检验企业文化的落实情况，并制定和执行相应的改进措施，以确保企业文化在企业内部的有机发展。在强生医疗，公司每两年会开展信条调研，了解信条的履行情况以及员工的反馈。这让员工感到，自己时刻与企业的使命和目标相联系，任何人的一言一行都必须以信条为出发点。因此，员工都十分清楚组织的目标和使命，也十分愿意支持组织达成目标和使命。通过长期的文化建设和检验，强生医疗的员工对公司目标和宗旨的理解率和支持率高达97%，远远高于其他公司。此外，强生医疗还在每季度开展敬业度调研，以此来衡量员工的敬业度，并在第一时间获得员工对于新制度或者其他问题的反馈。每季度的敬业度调研之后，人力资源部都会进行相关的数据分析，制订一系列改进行动计划，并且定期举行员工沟通会，收集反馈。

在企业文化的建设过程中，最佳雇主企业正是通过上述方式"润物细无声"地将企业文化的理念导入每个员工的日常行为，使得企业文化真正地深入人心，并生根发芽，有力地促进了企业经营目标的达成。

8.4 如何建设企业文化

企业文化并非是虚无缥缈的，那么，如何建设企业文化呢？组织行为学大师埃德加·沙因在《组织文化与领导力》一书中明确指出企业文化主要有3个来源：一是创建者的信念、价值观和假设；二是团队成员随着组织的发展而形成的学习经历；三是新成员和新领导所带来的新信念、新价值观和新假设。

说到企业文化，有这样一句流行语："小企业管理靠老板，中等企业靠制度，大企业靠文化。"似乎中小企业只有变成大企业后才能靠文化进行管理，中小企业只有经过多年的探索和积淀才能让企业文化真正发挥其应有的作用。事实上，无论企业的大小，在该企业创立之初，企业文化即已开始发挥影响。

20多年前，谭木匠还只是一家用几间猪圈作生产场地的手工小作坊，1994年正式申请使用"谭木匠"商标，1997年被确认为"中国公认名牌"，2005年谭木匠新加坡专卖店正式开业，2007年在香港正式上市。现在，谭木匠已经成为一个工厂占地100余亩，员工千余人，营销网络遍及30多个省、市、自治区，在全国建立起500多家专卖店，从小到大，产品由单一到多样，集梳理用品、家具、饰品为一体的专业化公司。一个看起来很像"小作坊"、生产十分传统"小商品"的"年轻"企业，是怎样在短短20年时间里发展成一个全国连锁的、年销售额近亿元的成功企业的呢？谭木匠的创始人谭传华说："企业的最大价值在于文化。我觉得文化不是很虚的东西，而是很实的东西。做'百年老店'，文化是核心，产、供、销仅仅是外边的'壳'。文化不是一种口号，而是企业的一种行为方式，是行为的识别系统。"谭木匠成功的秘诀就在于它成功地培育了以中国传统古典文化为特色的企业文化。其实，谭木匠在创立之初就非常重视企业文化的建设，在卖梳子的同时也卖文化。"诚实、劳动、快乐"是谭木匠企业文化的精髓，而这些都是中国的传统美德。

"我的曾祖父是一位知名的木匠，小有家业。由于爷爷染上了鸦片和赌博，把整个家业输得一干二净，在万般无奈的情况下，年轻貌美的奶奶只好求保长将爷爷抓去当壮丁。2年以后，爷爷战死在长沙，奶奶也一直守寡到死。父亲含恨学艺，成了一个好木匠。我长大以后一直想当诗人、画家，但是，由于我的天真和浪漫，付出了惨痛的代价，几近饿死街头，天意不可违，我仍然还是做木匠的命。"

每一个谭木匠的加盟店里都会写着这样一段"家史"，初看这段家史，常使人觉得谭木匠是"百年老店"，没想到却只是一个仅成立20年的"年轻"企业，被嫁接上了古朴的文化感觉。从谭木匠的文化定位来看，非常符合企业的文化理念，配以木工作坊的劳作图，极具中国传统文化特色。而木匠作为中国传统木工手艺人的称呼，本身就有一股浓浓的乡土味，让人产生鲁班等一系列的联想，是勤劳与智慧的象征。"木匠"前冠以"谭"字，符合中国传统商号的取名习惯；同时，檀木在中国民间是吉利的象征物，有避邪、驱邪的功用，"谭"与"檀"谐音，正好兼取此意。

谭木匠在发展过程中始终秉承着"诚实"的信念。1995年，在决定以"谭木匠"为商标并正式向市场推广时，公司还有企业创建时的三峡牌库存梳子15万把，有的工人就建议趁公司的产品有一定知名度，就把库存夹在新产品中销出去。可想来想去，谭传华最终没这样做，而是决定：烧！眼前虽然烧掉了几十万元钱，但这一烧能浇铸一种信誉和品牌。果然，"谭木匠"木梳迅速走红，产值每年都以3倍的速度递增。

1998年，谭木匠有了第一家加盟连锁店，随着企业规模的扩大，提出申请的加盟商越来越多，谭传华对每个加盟商都会告知："加盟谭木匠是有风险的；做谭木匠不能发大财；谭木匠接受你们加入，就等于谭木匠把'女儿'嫁给了你，所以一定要善待她。"因为谭木匠梳子是天然材料制成的，所以，容易因为使用不当而发生损坏，一开始专卖店都不愿意"自揭其短"，怕影响销售。于是，谭传华决定，将产品弱点直接印在产品包装上，以昭示顾客："买者慎用。"

他说，这是对消费者的诚实。

"我看待加盟商，最重要的标准就是诚实，没有这个品质，其他一切免谈。"他并没有为了多收加盟费、多卖产品让一些浮躁的人加入。2004年，提出申请的加盟商有700多家，谭传华经过严格慎重的选择允许开张的只有48家；2005年，公司收到申请1000多份，仅有93家开业。

谭传华说："实事求是、公平合理地处理总部和加盟商之间的关系，是一种企业的诚实。谭木匠与加盟商的关系，就好像是大家坐在一条船上，分工协作；又好像大家是一个球队，在打一场球，不仅仅是有共同的利益，而且是有缘人以文化为纽带，在一起做点有趣的事，做谭木匠正是一件有趣的事业，有文化，有艺术，很优雅。"

不仅是谭传华一直坚守这种信念，它还为企业的员工所遵循。2003年，在江苏省镇江市"谭木匠"第78家店里，一位顾客为自己挑选了一把168元的雕刻梳。店员发现这位顾客是卷发，于是，就建议她买一把45元的宽齿梳。顾客很惊讶，没想到员工竟然会推荐便宜的梳子，很疑惑地望着店员。

店员跟她解释说："您挑选的梳子很漂亮，但梳齿太密，那把45元宽齿梳更适合您的卷发造型。"

顾客还是不太明白："可是你推荐的这把梳子比那把梳子便宜很多，难道你不想多赚点？"

店员平静地说："我们只是要让顾客买到合适的，而不是贵的。"谭木匠创建者的价值观——诚信，得到团队成员的传承和认可。这位卷发客人因此对谭木匠好感度倍增，回家后推荐亲朋好友都来买谭木匠的梳子，而这个故事也传为了一段佳话。

让我们把目光投向北欧。瑞典宜家（IKEA）是20世纪中少数几个炫目的商业奇迹之一，1943年初创建，从一点"可怜"的文具邮购业务开始，不到60年的时间就发展为在全球共有180家连锁商店，分布在42个国家，雇用了7万多名员工的企业航母，成为全球最大的家居用品零售商。宜家的企业文化来源于北欧斯堪的纳维亚和瑞典文化，如：非正式，关注成本，幽默和脚踏实地，其文化的核心之一就是平等主义。

无疑，宜家繁荣的强大支撑力正是其多年来坚定不移的文化理念，而这种文化背后又折射着创始人英格瓦·坎普拉（Ingvar Kamprad）的理念。坎普拉倡导平等、反官僚、信任员工的直觉、扁平化的组织。宜家定期举行反官僚作风周（Antibureaucracy Weeks），在此期间，总监们在店堂后面的寄存间工作。宜家每年要接收将近 20000 名新员工。如何把宜家的文化和价值观传输给他们、贯彻到每一个地方，是一个巨大的挑战。

"要注重企业文化，在招聘过程中就必须保持公平的态度，只有这样，在招聘员工时，才能确保企业文化被理解并且被适当地评价。"宜家 CEO 达尔维格说。宜家将不同种类的培训计划作为工作流程随时进行，并设有许多评价方法。由于过去总是有些岗位找不到合适的人选，宜家也越来越重视员工的职业生涯设计，试图在公司内部尽可能地让员工担任不同的工作，例如，从零售到采购，并且范围在不断地扩大。

虽然宜家曾认为瑞典人更适合做公司的经理，但 5 年前放弃了这一战略，代之以倡导对不同国家雇员的平等对待。"多样化能够产生更加具有挑战性的工作氛围，并且加强了我们的雇员基础。"达尔维格说。

在把平等理念灌输到管理体系中的同时，宜家也在向员工灌输关注顾客服务的文化，曾任宜家 CEO 的 Anders Moberg 说，创始人坎普拉对他个人的管理风格有着深刻的影响："他训练我们从顾客的角度看待每件事情。"这种文化体现在宜家从设计人员到服务人员的所有工作环节中。例如，在团队层面有一种叫作"市场第一"的方法，这是一个由超过 100 个不同的问题组成的对各个商店的顾客和到访者的调查，每 3 年做一次，每次的问题都相同。宜家用一种标准化的方式来测量趋势，判断自己在市场上的位置。

为了形成一种以顾客为导向的文化，宜家在雇用员工时就注意到：非常重要的是，要记住有些人比其他人更令人愉快、更具动力、更合作、更好沟通。即使这一职务不需要与客户有接触，一个与人沟通良好的雇员将有助于总体的顾客服务。不仅是直接接触顾客的一线员工，即使是在背后的设计人员及管理、支持部门也高度重视顾客的感受和需求。为了真正设计出贴近顾客的家具，在瑞典南部的小镇阿姆胡特，12 位瑞典籍的全职设计师和 80 位自由设计师与室内产品团队一起肩并肩地工作；并且，公司给他们的试错期是 3 年。现在，宜家在设计中会根据不同国家的风俗和习惯对产品和展厅进行改变，特别重视细节。

那么，中小企业如何建设企业文化？以下 4 点建议可以借鉴：

（1）拟订企业愿景、使命、核心价值观。中小企业搞企业文化建设，没有必要好看，更需要的是务实，说到就一定要做到。企业的愿景、使命、核心价值观是企业文化建设的核心，核心价值观要明确企业倡导什么、反对什么、鼓励什么、讨厌什么。

（2）征求员工建议，取得大多数员工的认同。拟订愿景、使命、核心价值观后，要广泛征求企业成员的建议，企业成员也可以提出自己的反对意见，尤其是核心价值观，是企业全体成员判断是非、善恶的依据，必须有大多数企业成员的认同；反之，就是"伪文化"。征求企业成员建议可以采取征文、漫画等方式进行。

（3）老板带头宣传、贯彻。老板是企业的精神领袖，要带头宣传、贯彻，企业成员才会重视和理解更到位。企业文化提炼出来以后，要召开全体成员大会进行讲解，阐述企业文化的意义、作用、内容等。有些中小企业给新员工做企业文化培训的时候，都是由人力资源部的相关人员讲的，但实际上，由老板培训更为合适，尤其是在企业成长阶段。

（4）提炼具体案例，丰富企业文化内容。企业愿景、使命、核心价值观提炼出来以后，可以通过微信、内部刊物等有效方式传递给员工，鼓励员工投稿讲述切身体会，如出差时候的故事。人力资源部要及时整理、汇总，做好归档工作，为企业文化建设提供案例，让企业文化生根发芽。

8.5　企业文化如何落地

企业文化不是空喊口号，文化建设，落地才是关键。在企业文化建设中，员工处于核心的地位，文化落脚点就在于通过充分发挥员工的聪明才智，积极参与企业管理，共同遵守行为规范，使企业的目标、信念等深深扎根于每一个员工的心中。要让全体员工都认同并且都养成本企业的一种正向的思维、作风与习惯，所以，落地代表着员工对企业文化的认可和执行。而对企业管理者来说，塑造员工认同的企业文化，并引导员工实践企业文化，进而转化为自己的行为，是企业文化成败的关键。即使在流动最大的工作场所，也会至少有一个或者更多的人能够代表组织的恒久形象，这些人往往是组织的领导者。企业文化的发展可以从这里开始，让组织的领导者通过各种途径来谈论企业文化，以吸引人们包括工作候选人的好奇心和关注。

户外运动品牌巴塔哥尼亚公司的创始人伊凡·修纳德在总部办公时，必和员工一起吃午餐，而且，在公司的自助餐厅用餐一定会付钱。这些关于总裁的午餐故事在公司流传，简单的行为传达清楚的信息：老板也是一个平凡人，需要像其他员工一样遵守规定。

在海尔，则流传着这样一个故事：海尔成立初期，创始人兼董事长张瑞敏发现，刚从生产线上下来的电器有轻微凹痕与刮伤，于是下令关闭生产线。他指挥员工拿出铁锤，不是要修复缺陷，而是一台一台敲碎那些不完美的产品！生产线上的员工大为震惊，并迅速向其他同事转述这个故事。这个小故事很短，却回答了海尔是否设定高标准的问题，经过口耳相传，让它变得非常有可信度。

瑞士的埃尔德集团，是目前全球最大的收银机销售公司。但在公司成立的最初几年，因业务代表的消极心态，曾让公司面临全盘溃败的窘境。在这关键时刻，是一个小鞋匠稚嫩的"演讲"，激活了所有销售代表颓废的心。从此，濒临倒闭的公司走上了强盛之路。那时，公司陷入了空前的财务危机之中，总裁查菲尔先生亲自来到业务代表中间探访，他深知业务代表是公司最重要的资产，而保护这些资产的最好办法，就是要激发他们的活力。查菲尔对这些神情沮丧的业务代表们说："我们的竞争对手，正在散布一些小道消息，说我们公司出现了无法克服的财务危机；还盛传谣言说，我们将削减业务代表。这些都不是事实。我今天来，就是召集各位，请大家如实地为自己辩护，诚实地说出自己的困惑。"有位销售代表说："我的销售成绩下降，是因为我负责的那个区域正遭逢干旱，大家的生意都受到影响，没有人愿意购买收银机。还有，今年是总统大选年，每个人都在关心选举结果，大家的注意力都在总统身上，没有人有兴趣购买收银机。"话音未落，第二位业务代表就站了起来，他的理由甚至比第一位更消极，言词中充满了茫然和颓废："我感觉公司快要完蛋了，就像一座岌岌可危的大厦，我承认我正准备跳槽。"此时，业务代表中的一半人都坦陈自己确实在另谋出路。查菲尔"腾"地跳到了椅子上，他打断了业务代表们的话，激动地说："现在休会5分钟，让我来擦擦鞋子，但请大家仍各就各位，后面将有精彩的内容。"

1分钟后，公司门口那个每天替员工们擦鞋的小鞋匠被人叫来了。查菲尔毫无顾忌地把鞋子伸了过去，并在大庭广众之下，与小鞋匠聊了起来。

"你几岁了？在我们公司门口，擦鞋有多久了？"查菲尔问他。

"我9岁，来了6个月了"小男孩回答。

"很好。你擦鞋一次赚多少钱？"

"擦一次5分钱，"男孩回答，"但有的时候，我会得到一些小费。"

"在你来之前，是谁在这里擦鞋？他为什么离开？"

"是一位叫比尔斯的男孩，他已经17岁了。我听说，他觉得擦鞋无法维持生活而离开了。"

"那你擦鞋一次只赚5分钱，有办法维持生活吗？"

业务代表们都惊异地听着男孩下面的回答。

"可以的，先生。我每个星期五给我的妈妈10元钱，存5元到银行，再留下2元做零花钱。我想我再干一年，就可以用银行里的钱买辆脚踏车了，但妈妈并不知道这件事，我要给她一个惊喜。"小男孩一边卖力地擦着鞋子，一边微笑着回答问题。

看着油光锃亮的皮鞋，查菲尔掏出5分钱给了小鞋匠，男孩高兴地说："谢谢您，先生。"查菲尔又掏出1元小费递给男孩，男孩面露迷人的微笑，还是那样欢快地说："谢谢您，先生。"

查菲尔感慨地摸着男孩的头，说："小家伙，谢谢你，你给我们做了一次很好的演讲。"接着，查菲尔转向业务代表们说："这位男孩现在做的工作过去是由一个比他大8岁的男孩负责的。他们的工作相同，索取的费用相同，服务的对象也相同。"

查菲尔十分激动地说："但是，两个人的结局不一样！这个小鞋匠内心充满着对生活的希望，当他工作时，他脸上总是面带微笑。他期待成功，所以成功也就走向他。而原来那个男孩性情非常冷漠，悲观失望，心情不稳定；而且，当顾客给他5分钱时，他也不会说声'谢谢'，因此，他的顾客也不会再给他小费，自然也就不愿再看到他冷淡的脸。所以，他的生意越来越惨淡，当然无法赖以为生。"

这时，小男孩抢着说："我相信，我的努力会让很多人需要我。"

第一位演讲过的业务代表顿悟了，他说："我明白了，我们之所以销售得不好，就是因为我们光接受了别人的困难，被对方的困难吓退了，而没有在销售收银机的时候，用我们的快乐和胜利的信念感染对方并消除他的恐惧心理。其实，不管对方有多少困难，当你把自己的乐观和自信带给他时，他自然就会接受你。"

员工在外面代表公司开展业务时，他的思维方式、言谈举止、工作风格，处处都显示了公司的"做派"：一位员工离职以后来到一家新的公司，不自觉地就会把这种"做派"带到新的公司，并且影响了周围的人；员工在业余时间、在日常生活交往中，不经意地就会从口中流露出诸如"我们公司怎样，我们是怎么做的……"这样充满自豪感的语言。这样的企业文化落地就算是"卓有成效"了。就像是一个优秀的职业军人，尽管他没穿军装，但他的一言一行、一举一动都彰显着一个军人的作风、素质与品格，因为他经过了军队文化的塑造与洗礼，军队文化已深深地"扎根在他的头脑中、融化在他的血液里、展现在他的行为上"。这就是文化真正地落地。

企业文化落地要做到"言行一致"，以下几点是必须要注意的：

（1）要给员工清晰的文化概念，也就是要把公司的核心文化进行具体的表述。例如，最基本的核心价值观、公司的使命、公司的愿景、公司的人才理念等。这些内容要有清晰、易记的文字表述，让员工在概念上掌握企业文化的精髓。

（2）要对文化的内涵进行深入细致的阐述。有了细致的阐述，才能让员工能够有效地消化。很多公司都会通过各种方式进行文化的分解和内涵的介绍，把属于公司的特质内容展现出来。

（3）要通过合理的渠道进行宣导和灌输。如公司的网站、公司的内刊杂志、公司的工作要求、公司的薪酬福利体系、绩效考核体系、人才选拔与晋升体系等，都是进行公司文化宣导的关键渠道。各种制度，更是体现和宣导公司文化核心内涵的有效载体。比如，一家公司强调内部培养与晋升的人才理念，一般都要建立相对完善的内部晋升机制和制度保障，并在实际工作中，如对中、高层人才的选拔，进行实践；

（4）要在实践中践行企业文化。无论哪个层级的员工，特别是公司的高管团队或核心团队、骨干员工，均要在实际工作中身体力行地对文化内涵进行实践，为一线员工作表率，为新员工做示范。例如，对人才梯队候选人的选拔和培养，部门主管就要严格遵循基本的选材、训才理念，秉承公正、公平、公开的基本原则，坚持德才兼备的选材理念，在实际工作中，把无形的、抽象的企业文化概念进行具体实践，转化为实际行为，这是企业文化落地的关键环节。

第9章 控制用工风险，营造和谐的劳动氛围

和谐的劳动氛围是所有中小企业的管理者和员工们都喜闻乐见的，所有人"亲如一家"，工作起来轻松、高效。但要想营造理想的劳动关系氛围，作为管理者还必须时刻意识到用工风险的存在，并掌握处理劳动争议的技能，方能从容解决与员工之间的矛盾，营造和谐的劳动氛围。

9.1 劳动关系建立时如何防范用工风险

在远古时期，以打鱼捕捞为生的渔民们，在每次出海前都要祈祷，其中，主要的祈祷内容就是让神灵保佑自己在出海时能够风平浪静、满载而归。他们在长期的捕捞实践中，深深地体会到"风"给他们带来无法预测的危险，"风"即意味着"险"。"风险"一词就是这样诞生的。企业的人力资源管理亦是如此，从同员工建立劳动合同关系之初、建立劳动关系时，到建立劳动关系后，直至劳动合同解除，在整个过程中都可能存在各种"风险"。作为"掌舵"的管理者，如果对此没有意识，不采取措施去加强企业的风险抵御能力，那么，别说是"打鱼"了，可能连企业这艘"船"都会被摧毁。

招聘，往往是企业与员工互相接触的第一步。W 公司是一家刚成立不久的外资企业，为了吸引人才，公司在各大报纸、网站都登出了招聘广告，广告中有一条这样写道："被录用的员工将送到国外培训一年，费用由公司承担。"发布广告后半个月内，W 公司就收到了来自全国各地的将近 100 份简历，几位公司领导对此感到很高兴，面试工作便马不停蹄地被提上工作议程。经过层层筛选，人力资源部刷掉了一大批应聘者，最终决定录用刚从某知名企业离职的李

先生。为了表达关心和重视，公司领导对他进行了入职前的初次面谈。面谈中，李先生直言不讳地表达了自己想要获得"出国培训"的机会，领导对此给出的回应是"不急，先干好本职工作，再去争取这个机会"，还做出了口头承诺："只要成为我们的正式员工，年薪至少 10 万元。"李先生欣然接受了 W 公司的邀请，成为某技术部门的正式员工，对新的工作充满了希望，并想通过积极的工作得到属于自己的出国培训机会。

然而，一年很快过去了，不仅出国培训的事情迟迟没有动静，而且当初承诺的年薪 10 万元实际履行时也并没有兑现。李先生找到领导理论，领导却以"现在很忙"为由拒绝了与他的见面。万般无奈下，李先生只好以企业欺诈为由，提出辞职，并向劳动争议委员会提出仲裁，要求用人单位支付劳动合同解除的经济赔偿金。最终裁定，根据《劳动合同法》第 8、26、38 和 46 条相关规定，W 公司在招用李先生时，没有如实告知其工作的劳动报酬以及其要求了解的其他情况（如出国培训的机会），导致产生欺诈行为。根据法律，以欺诈手段与劳动者订立的劳动合同属于无效的劳动合同，对于因用人单位的欺诈导致劳动合同无效的，劳动者可以随时提出解除劳动合同，并且可以要求用人单位支付劳动合同解除的经济补偿金。[①]

企业和员工双方作为劳动关系的当事人，应当在诚实信用的基础上建立劳动关系。其中的任何一方如果违反了这个原则，便侵害了对方的知情权及其他利益，由此可能产生一系列的法律后果。对于 W 公司来说，管理者在招聘的环节中忽视了"言出必行"的准则，为了吸引新人入职而随意做出虚假的承诺，为自身带来了风险、埋下了隐患，而最终也为此付出了相应的代价。

其实，在劳动关系建立的招聘过程中，对于企业来说，风险并不只因"夸大其词、虚假宣传"所导致，还有其他很多容易被人忽视的方面，比如以下几点：

（1）撰写招聘广告时设定歧视性条件（民族、种族、宗教信仰、性别、年龄、身高、是否患传染病等）。《就业促进法》中有明文规定，这些歧视性条件在劳动者就业过程中是法律所禁止的。[②]

（2）录用员工前忽视背景调查。员工年龄是否达到 16 周岁，学历或工作经

[①] 经济补偿金的计算可参考《劳动合同法》（2012 年修正）第 47 条有关"最终金额"的计算依据。
[②] 参考《中华人民共和国就业促进法》（2015 年修正）第 1 章第 3 条及第 3 章关于"就业公平"的相关规定。

历信息是否属实,是否与其他单位存在未到期的劳动合同……,这些问题企业要提前做好调查,否则可能会引发相关法律纠纷。

(3)随意设置录用指标。如果能够明确录用指标,一方面能够指引员工入职后的工作方向,另一方面能够为解聘提供依据。若设定得过于笼统和随意,在员工的实际工作达不到要求的情况下,企业将无法据以解除劳动合同,更不能以此为由拒付经济补偿金。

那么,在招聘过程结束后,企业便面临着一个关键的节点:签订劳动合同。它代表了企业与员工的劳动关系正式建立。

身为一家物流公司经理的陈先生最近却因为这件事伤透了脑筋,怎么回事呢?原来,陈经理在刚创办这家公司时,为了节省成本,通过亲戚好友的介绍招来了几位员工。一开始,公司的规模并不大,除了陈经理和几位合伙人,公司的日常运营也只需几名员工便能应付,而且处理的只是一些简单的事务,对能力要求并不高。出于成本的考虑以及相互之间的熟悉关系,陈经理没有与他们签订劳动合同,只是互相口头约定履行相关的权利和义务。在陈经理看来,签订劳动合同就是将自己套牢,没有合同就与员工没有劳动关系,就可以自由地处置员工的录用和辞退了;而且,还不用缴纳社保费用,减少公司税务负担,何乐而不为呢?可他并没有想到,这种做法会给公司埋下不小的祸根。

仅仅不到一年,问题便开始凸显:面对日益激烈的市场竞争,陈经理的公司业绩开始呈现疲软态势。他和几位合伙人一致认为,公司几名员工的能力不足、态度懒散是主要原因,为了扭转颓势,必须引入更加称职的人才,这样一来,就不得不炒他们的鱿鱼了。随之而来的是几名员工对公司的强烈不满,他们将公司告上法庭,不但要求公司支付违法解除劳动关系的赔偿金,还要求公司支付未签订书面劳动合同期间的双倍工资。本就替公司前途担忧的陈经理,又深陷与员工的劳动争议之中,真的是哑巴吃黄连,有苦说不出啊。

根据《劳动合同法》第10条规定,建立劳动关系应当订立书面劳动合同,已建立劳动关系未同时订立书面劳动合同的,应当自用工之日起1个月内签订书面劳动合同。用人单位与劳动者在用工前订立劳动合同的,劳动关系自用工之日起建立。并不像陈经理所想的那样,其实在用工之日起,他们的劳动关系就已经建立了。由此可见,"用工必须签订劳动合同"是法律强制企业和员工双方执行的。而针对几名员工提出的"双倍工资",其实也是有理可依的。《劳动合同法》第82条规定,用人单位自用工之日起超过一个月不满一年未与劳动者签订书面劳动合同的,应当向劳动者每月支付 2 倍的工资。即使这几名员工的工作年限满了一年,也仍逃脱不了法律责任:满一年仍未签订劳动合同的,视为与劳动者订立无固定期限劳动合同。

分析上述规定不难发现,企业与劳动者建立劳动关系,签订书面劳动合同的宽限期为 1 个月,也就是说在用工开始后的 1 个月内必须签订劳动合同。面对法院的判罚,陈经理悔不当初:"如果当初考虑到了这些风险,依法办事,不贪一时的小便宜,与员工签订劳动合同的话,那么现在就不至于这么狼狈了:员工损失了,公司声誉也弄差了,公司惨淡的现状不仅没有改观,还要面对这些罚款……,唉,真是'赔了夫人又折兵'啊!"

陈经理的例子着实给我们上了一课。其实,在与员工建立劳动关系、签订劳动合同的这个阶段,也存在着许多认识误区:

(1) 向员工收取押金、保证金、约定违约金等来稳定员工关系。不少企业采取此种做法的初衷是为了防止新入职员工的任意跳槽,还有不少中小企业时常出现扣押员工毕业证书、各类资质证件的情况,从而控制人才外流。但是,这种方式并非上策,不仅违反了相关劳动法律规定,效果还可能适得其反。《劳动合同法》第 9 条规定,用人单位招用劳动者,不得扣押劳动者的居民身份证和其他证件,不得要求劳动者提供担保或者以其他名义向劳动者收取财物。因此,这种做法已经违反了法律规定。

(2) "临时工"不签劳动合同。许多中小企业管理者都认为"临时工"与那些长期在职的员工相比,不属于公司劳动保障的范畴,只需要按期支付工资就行了,完全不用签订劳动合同。其实,所谓的"临时工"和"正式工"在法律上享有同样的权利,如果要说有什么区别的话,那也只有劳动合同期限长短的区别。若忽视了这一点,按照现行劳动法律法规,会面临支付双倍工资和无固定期限劳动合同条件成立的法律风险。①

(3) 试用期内不签劳动合同。用人单位往往对新员工抱着"谨慎"的态度,待试用期结束后才决定是否录用,于是便形成了公司内部的"潜规则"——试用期内不签订劳动合同。这种做法一方面防止公司被"套牢",另一方面又逃避了相关的劳动保障义务,所以十分普遍。但《劳动合同法》第 19 条明文规定:

---

① 参考《劳动法》第 10 条及《劳动合同法》第 10 条、第 82 条规定。同时,根据《劳动法》第 11 条规定,如果与"临时工"约定的劳动报酬不明确的,劳动报酬按照集体合同规定的标准执行,没有集体合同或者集体合同未规定的,实行同工同酬。

"试用期包含在劳动合同期限内。"劳动合同仅约定试用期的,试用期不成立,该期限为劳动合同期限。因此,试用期内不签订劳动合同的,同样要承担相应的法律责任。[①]

我们可以通过表9-1了解企业和员工不签订劳动合同的法律后果[②]。

表9-1　　　　　　　不签订劳动合同的法律责任

时间	原因	法律责任
用工之日起一个月内	劳动者不与用人单位签订劳动合同	支付实际工作时间的劳动报酬,无须向劳动者支付经济补偿,同时,应当书面通知终止劳动关系
用工之日起超过一个月不满一年	劳动者欲与用人单位签订劳动合同	用工之日起满一个月的次日开始、截至签订劳动合同前一日,每月支付两倍工资,并与劳动者补订书面劳动合同
	劳动者不与用人单位签订劳动合同	支付经济补偿,同时,应当书面通知终止劳动关系
用工之日起满一年	劳动者欲与用人单位签订劳动合同	用工之日起满一个月的次日开始、截至满一年的前一日,每月支付两倍工资;并视为自用工之日起满一年的当日已经与劳动者订立无固定期限劳动合同,应当立即与劳动者补订书面劳动合同

从以上可见,在签订劳动合同这个环节,着实有不少风险需要加以防范。归纳起来有这样几点:(1)入职前要明确录用条件,如实告知工作环境、内容、地点以及薪酬等事项;(2)严格审查入职资料,包括身份信息、学历信息、体检资料、离职证明等事项;(3)按照法律规定,约定试用期时间及薪酬;(4)应该依法、公平、诚实、自愿地签订劳动合同,合同明确各项权利与义务;(5)劳动合同须由本人亲笔签字;(6)明确劳动者必须履行保密义务、竞业限制义务以及遵守服务期的限制等,签订相关协议;(7)注意劳动合同的期限和类型。

当然,在规避了建立劳动关系的风险之后,并不意味着"万事大吉"了,因为在劳动合同的履行和解除、终止以及其他方面都隐藏着危机。

---

① 关于试用期工资的确认,参考《劳动合同法》第19条规定:劳动者在试用期的工资不得低于本单位相同岗位最低档工资或者劳动合同约定工资的百分之八十,并不得低于用人单位所在地的最低工资标准。
② 参考《劳动合同法实施条例》第2章第5、6、7条关于"多种未签订劳动合同情况下的双方处理方式及义务"的相关内容。

9.2　劳动合同履行时如何防范用工风险

在签订了劳动合同、员工正式入职之后，企业就面临着许多日常管理中的潜在风险，包括工资的支付、工时制度、劳动权益保障等方面。

小张是一家贸易公司的员工，他和公司签订了两年的劳动合同。入职后，小张感叹公司的经营业务实在太多，以至于还经常出现要求周末加班的情况，他感到有点吃不消。但是另一方面，作为加班的补偿，公司会给每位员工每天一笔80元的"值班费"。由于刚刚大学毕业、初出茅庐，小张对此也不敢有太多的怨言，他觉得加班也是为了给公司带来更多效益，而且还有一笔作为补偿的费用，虽说不多，但对于家境并不充裕的他来说也算是一笔额外收入了。因此，这两年间，小张服从公司的各项规定，让他加班他就加班，勤勤恳恳地完成交给他的各项任务。公司经理因此对他赞赏有加。

直到两年合同期快满之时，小张要准备和公司签订第二份合同了。这时，通过周围朋友的谈话，他才发现自己受到了不公平的待遇，原来，朋友们所在的公司对于加班补偿都有着不同的做法：在标准工作时间以外延长工作时间的，支付不低于工资的150%的工资报酬；在休息日工作又不能安排补休的，支付不低于工资的200%的工资报酬；在法定休假日工作的，支付不低于工资的300%的工资报酬。[1]

小张感到十分气愤，找到公司经理理论，然而，吃了闭门羹。无奈之下，他向当地劳动争议仲裁委员会申请仲裁，要求公司支付其休息日期间的加班费。劳动争议仲裁委员会通过调查，认为小张在休息日期间的加班工作强度和工作内容与正常工作时间相同，故确认其在休息日期间的工作属于加班，而不是值班。最后裁决，对小张要求公司支付加班费的请求予以支持，公司须按照劳动法相关规定标准予以补偿。

就是这样一件在很多人看来不起眼的小事，因为"加班"与"值班"的一字之差，造成了员工与公司的关系恶化。究其本因，还是在于公司管理者对于

---

[1] 参考《劳动法》（2018修正）第44条关于"用人单位应当按照不同标准支付高于劳动者正常工作时间工资的工资报酬"的规定。

工资的构成不了解，或者说是在故意逃避应承担的法律责任。工资是指用人单位依据国家有关规定或劳动合同的规定，以货币形式直接支付给本单位劳动者的劳动报酬。《关于工资总额组成的规定》第 4 条规定：工资总额由下列 6 个部分组成：(1) 计时工资；(2) 计件工资；(3) 奖金；(4) 津贴和补贴；(5) 加班加点工资；(6) 特殊情况下支付的工资。

当然，在工资的支付这一环节，还有许多地方值得我们注意：

(1) 劳动者的工资与最低工资标准。《最低工资规定》第 3 条规定，劳动者在法定工作时间或依法签订的劳动合同约定的工作时间内提供了正常劳动，用人单位依法应支付最低劳动报酬。需要注意的是，最低工资前提条件有两个：一是劳动在法定工作时间或劳动合同约定的工作时间内提供了劳动，也就是说，劳动者如果超过规定或约定的时间提供劳动的加班、加点的收入，不能计入最低工资，而如果劳动的出勤达不到法定或约定的工作时间的，则可以低于最低工资；二是劳动者提供了正常劳动，那么，如果劳动者是在高温、低温等特殊劳动条件下进行劳动的，有关特殊条件的津贴不能计入最低工资。

(2) 工资必须以货币的形式支付。我国的劳动法律规定了劳动者工资的支付形式，不得以实物及有价证券替代货币支付。① 《劳动法》第 50 条规定："工资应当以货币形式按月支付给劳动者本人。"

(3) 病假工资的发放。国家规定，病假工资和疾病救济费最低不得低于当地最低工资标准的 80%。② 也就是说，若员工因病或者非因工负伤停止工作，企业应当按照当地标准支付病假工资（6 个月内）或疾病救济费（超过 6 个月）。

(4) 不得随意克扣员工工资。《劳动法》第 50 条及《劳动合同法》第 30 条都对此做出了明确的规定。若是发生员工给单位造成损失的情况，企业也不能随意扣工资。《工资支付暂行规定》第 16 条规定："因劳动者本人原因给用人单位造成经济损失的，用人单位可按照劳动合同的约定要求其赔偿经济损失。经济损失的赔偿，可从劳动者本人的工资中扣除。但每月扣除的部分不得超过劳动者当月工资的 20%。若扣除后的剩余工资部分低于当地月最低工资标准，则按最低工资标准支付。"由此可见，用人单位虽然可以采用扣工资的办法折抵员工给单位造成的损失，但是，扣工资是受到法律限制的，须谨慎使用。

---

① 参考《工资支付暂行条例》第 5 条关于"工资支付方式"的相关规定。
② 参考 1995 年劳动部《关于印发〈关于贯彻执行《中华人民共和国劳动法》若干问题的意见〉的通知》中的第 59 条。

以上几点其实也只是工资支付众多风险中的"冰山一角",管理者需要做的,就是遵守《劳动合同法》等一系列劳动法律法规的要求,时刻审视自身行为是否触到了法律的底线,否则将面临许多难以处理的问题。

一家服装公司的人力资源经理王女士,最近因为其制定的工时制度引起了员工的不满,抗议声不断,王女士却又觉得自己很冤,究竟怎么回事呢?原来,在制定工时制度时,王女士参阅了《劳动法》,其中第36条规定:"国家实行劳动者每日工作时间不超过8小时,平均每周工作时间不超过44小时的工时制度。"于是,王女士便对其"充分利用",规定:员工每周工作五天半,每周一至周五都是工作8小时,每周六上午进行4小时的培训学习。

这项制度出台后,招致了大量员工的批评,不少员工向她提出,目前应当每周工作时间不超过40小时,多出的周六4小时学习不符合法律规定。王女士不以为然,认为自己是严格按照法律规定制定的制度,而且周六的半天学习也是符合当前公司刚起步、人员素质亟待提升的阶段要求,自己并没有做错什么,这样安排工作时间的做法也是为公司前途着想,便不再理会员工的反馈,继续执行这项工时制度。不久后,问题还是产生了。心怀不满的一些员工在得不到王女士的有效反馈后,向公司提起了辞职的要求,认为其是违法的。劳动行政监察部门立即前来调查,发现问题属实,王女士的工时制度违反了《国务院关于职工工作时间的规定》中关于"每周工作时间不超过40小时"的规定,责令公司限期整改。发现问题确实是出在自己身上后,王女士感到惭愧不已,原来后一条规定是对早期发布的《劳动法》的有效补充,自己没能掌握最新的劳动法律动态,而故步自封,并因此导致了公司与员工的关系恶化。

随着社会的发展,国家的劳动基准会有所变化,用人单位在用工管理过程中,除了应遵守法律的规定外,还应密切关注国家政策的变化。因为,劳动基准会根据社会发展需要进行适当调整。而谈到企业对员工的劳动权益保障,我们就不得不提到社会保险了。《社会保险法》明确了参加社会保险是用人单位和劳动者的法定义务,且双方承担着不同的义务。

2015年8月,通过熟人介绍,徐先生开始在J公司从事机械维修工作,没有签订劳动合同,却应公司要求签订了《员工不购买社保承诺书》,其主要内容为徐先生"在就职期间自愿放弃公司为其购买社保,同意接受因公司不为其购买社保给予的补贴"。2017年8月,徐先生以J公司未与其签订劳动合同、未为其缴纳社保为由申请仲裁。仲裁委员会裁决:J公司应与徐先生签订无固定期限劳动合同，并补缴 2015 年 8 月至 2017 年 8 月社会保险费。可能在很多人看来，双方都自愿签订了承诺书，平等互利，理应不存在纠纷，但就是因为 J 公司忽略了《社会保险法》中公司必须为员工缴纳社会保险费的强制规定[①]，而被徐先生找到了漏洞，可谓是"因小失大"。

就用人单位而言，其主要义务包括社保登记、缴费、申报和代扣代缴。（1）登记。用人单位应当自成立 30 日内凭营业执照、登记证书或单位印章，向当地社会保险经办机构申请办理社会保险登记；用人单位应当自用工之日起 30 日内为职工向社会保险经办机构申请办理社会保险登记。（2）缴费。职工基本养老保险、职工基本医疗保险、失业保险的缴费义务由用人单位和个人共同承担。工伤保险与生育保险的缴费义务全部由用人单位承担。关于缴费基数，各险种采用统一的缴费工资基数，职工的月缴费基数为职工本人上一自然年度（1 月 1 日至 12 月 31 日）所取得的全部货币收入的月平均数（包括计时工资、计件工资、奖金、津贴和补贴、加班加点工资、特殊情况下的工资性收入等）。工资收入低于劳动部门公布的社会保险年缴费工资 60% 的，以年缴费工资 60% 逐月累计保底；全年工资收入超过劳动部门公布的社会保险年缴费工资 300% 以上的部分不作为缴费基数，以年缴费工资 300% 按全年累计封顶。而关于各种险种的缴费比例，各地执行标准有所差别，实际须按当地标准执行。表 9 - 2 显示了武汉 2019 年社保各险种缴费比例。[②]（3）申报和代扣代缴。用人单位应当自行申报，按时足额缴纳社会保险费，非因不可抗力等法定事由不得缓缴、减免。

表 9 - 2   武汉 2019 年社会保险各险种的缴费比例

险种	单位缴费比例	个人缴费比例
基本养老保险	16%	8%
基本医疗保险	8%	2%
失业保险	0.7%	0.3%
工伤保险	按照自己公司所在的行业缴纳比例	0
生育保险	0.7%	0

---

① 参考《中华人民共和国社会保险法》（2018 年修正）第 84 条"用人单位应为员工办理社会保险"的相关规定。
② 参考 2019 年 5 月 27 日武汉市人民政府办公厅发布的《武汉市降低社会保险费率综合实施方案》。其中规定，自 2019 年 5 月 1 日起，全市企业职工养老保险和机关事业单位养老保险单位缴费比例由 19% 和 20% 降至 16%。

职工应当缴纳的社会保险费由用人单位代扣代缴，用人单位应当按月将缴纳社会保险费的明细情况告知本人。

作为中小企业的管理者，在处理员工的社会保险事宜时，要时刻谨记这三条法定义务，时刻审视自身行为是否触犯了《社会保险法》等有关法律条文的规定。而对于劳务派遣用工的社会保险，管理者们或许会存在一个误区："劳动合同是劳务派遣公司与员工签订的，社会保险费用也不是由我们缴纳，那如果出现工伤事故的情况，劳务派遣公司理应承担全部责任，与我无关。"

真的是这样吗？发生在宋先生身上的事情或许会给我们答案。

宋先生被一家劳务派遣公司派遣至一家建筑公司进行工作，在建筑公司工作期间突发意外，在下班途中遭遇车祸，经工伤部门鉴定为七级伤残（即部分丧失劳动能力）。宋先生要求劳务派遣公司和建筑公司向其支付工伤待遇。劳务派遣公司以社会保险应由建筑公司缴纳，以及《劳务派遣协议》中约定由建筑公司支付工伤待遇等为由拒绝了宋先生的要求。建筑公司则认为宋先生是与劳务派遣公司建立的劳动关系，与建筑公司无关，因此，也拒绝了宋先生的要求。

无奈之下，宋先生走上了法律维权的道路，向当地劳动争议仲裁委员会申请了仲裁。仲裁委员会经审理后认为，《劳动合同法》规定，劳务派遣单位（用人单位）本应承担为宋先生缴纳社会保险费用的责任，所以，因未缴纳社会保险造成的工伤待遇损失应由劳务派遣公司承担；而建筑公司（用工单位）履行支付加班工资、绩效奖金以及相关福利待遇的义务，也应承担工伤保险待遇的连带赔偿责任。

那这里的"连带赔偿责任"是如何理解呢？其实，我们可以把它理解为法律对于宋先生这样的劳务派遣用工的"双保险"措施。如果劳务派遣公司将来不按照裁决书的结果向宋先生支付相关的工伤保险待遇时，他可以向人民法院申请强制执行，而在申请强制执行时，宋先生可以指定两家公司的任何一方作为被执行人。也就是说，如果劳务派遣公司对此没有补偿能力，那么，建筑公司将继续承担补偿责任，以维护宋先生的基本权益。"是你的责任，想逃也逃不掉"，说的就是这种情况。

劳动合同履行时，除了员工的工资支付、工时制度安排、社会保险缴纳以及劳务派遣用工等方面存在风险，还有其他方面也值得我们注意，比如说休假制度、特殊人群保护等方面。总之，管理者需要熟悉《劳动法》《劳动合同法》

《社会保险法》等一系列法律，在实践中时刻围绕着这些规章制度进行管理，方能最大限度地规避用工风险。

9.3　劳动合同终止和解除时如何防范用工风险

"天下无不散之筵席"，劳动合同的履行也不例外。所谓"好聚好散"，不管企业再怎么舍不得员工离职，当到了无力留住人才的时候，也只能考虑如何在员工离职的时候控制好企业的各种风险。

一家中等规模的 IT 公司承接了一项重要的软件开发项目，该项目能够为公司带来很大的效益。公司将该项目交给了具有计算机硕士学位的刘先生负责，计划完成周期为两年半。公司经理对刘先生寄予了很大的期望。但当项目进展到一年半的时候，公司最不愿发生的事情还是发生了。一家猎头公司看上了刘先生，并向其发出了邀请。面对多出好几倍工资的诱惑，刘先生基本没有犹豫地就向公司提出了辞职，将还有半年就要完成的项目抛之脑后。公司事先并没有预料到这种情况，也就没有为这个岗位准备预备员工，只好急忙到社会上去招人。但因所需人员素质要求太高，虽有高薪诱惑，在半个多月的时间里，仍然没有招到合适的人选。在无计可施的情况下，只能让刘先生的副手暂时接替其工作。30 天后，在刘先生高高兴兴地到新的公司报到上班时，原来的老东家则为如何完成这一订单焦头烂额。

这家 IT 公司之所以会因为失去刘先生这位员工而导致企业工作进度受挫，就是因为企业自身并没有提前充分了解《劳动合同法》。根据《劳动合同法》，员工向公司提出辞呈要提前 30 天通知，在这 30 天内，这名员工不得离职。像刘先生这样即将离职的员工，大多数都会以自己未来的职业做准备而放弃原公司的工作，而原公司则因为临时找不到合适的人选而陷入困境。对于公司而言，30 天内如果找不到合适的替代人选，《劳动合同法》保护的就是员工的利益。所以，作为企业的管理者，要设法提前做好预防性的管理措施，否则在遇到类似这家 IT 公司的"囧"况时会束手无策。

在这里，我们要先弄清楚两个概念：劳动合同的终止以及劳动合同的解除。劳动合同的终止是指企业和员工订立劳动合同约定期限届满，因原有劳合同确立劳动关系的法律效力依法消失，双方原有的权利和义务也不再存在，劳动合同即可终止。通俗来讲，就是劳动合同已经履行完毕，事情办完了，大家互不相欠、各奔东西。作为管理者，当然都希望能与员工保持良好的关系，即使员工离职，也是出于合同到期等客观因素，正常终止劳动合同而不存在经济纠纷等问题。但是，劳动合同的终止也是有条件的。根据《劳动合同法》和《劳动合同法实施条例》的规定，有下列情形之一的，劳动合同终止[①]：(1) 劳动合同期满的；(2) 劳动者开始依法享受基本养老保险待遇的；(3) 劳动者死亡，或者被人民法院宣告死亡或者宣告失踪的；(4) 用人单位被依法宣告破产的；(5) 用人单位被吊销营业执照、责令关闭、撤销或者决定提前解散的；(6) 法律、行政法规规定的其他情形。

可以看出，劳动合同期满是最常见的自然终止形式。但是，在某些特殊情况下，即使劳动合同期满，法律规定也不能及时终止，而需要逾期终止或者延期终止[②]：(1) 从事接触职业病危害作业的劳动者未进行离岗前职业健康检查，或者疑似职业病病人在诊断或者医学观察期的；(2) 在本单位患职业病或因工负伤并被确认丧失或部分丧失劳动能力的；(3) 患病或非因工负伤，在规定医疗期内的；(4) 女职工在孕期、产期、哺乳期的；(5) 在本单位连续工作满十五年，且距法定退休年龄不足五年的；(6) 法律、行政法规规定的其他情形。

在什么情况下会存在劳动合同的解除呢？劳动合同的解除是指劳动合同签订之后，尚未履行完毕之前，由于一定事由的出现，提前终止劳动合同的法律行为。不同于劳动合同到期终止的"和平分手"，劳动合同解除往往直接关系到企业的生产经营和工作秩序，管理者必须慎重处理。上面这家IT公司的刘先生离职，便属于员工单方面解除劳动合同。

我们大致可以将劳动合同解除的类型分为三种：双方协商解除，劳动者单方面解除，用人单位单方面解除。

双方协商解除劳动合同，是指劳动合同双方当事人通过协商，达成协议解除劳动合同的情形。现行法律对此没有限定具体条件，只要双方达成一致，内容、形式和程序不违反法律禁止性、强制性规定即可。协商一致，什么事情都好说，但在现实生活中，难就难在协商达不成一致，甚至出现冲突和矛盾，那就需要具体问题具体分析了。

---

① 参考《劳动合同法》第44条有关"劳动合同终止方式"的规定。
② 参考《劳动合同法》第42条有关"用人单位不得解除劳动合同情形"的规定。

劳动者单方面解除是员工本人出于自身意愿或者其他因素单方面解除劳动合同的行为。根据现行法律法规，员工具有单方面解除劳动合同的权利，无须征得用人单位同意，也无须双方协商达成一致意见。

劳动者单方面解除劳动合同一般也分两种情况，那就是自愿辞职和被迫辞职。顾名思义，自愿辞职可能是员工出于"另谋高就"的想法，这种情况需要员工提前30日以书面形式通知企业，而企业则无须支付经济补偿金。而被迫辞职，则是由于企业不遵守劳动法或劳动合同法等相关法律规定，造成员工被迫解除劳动合同。被迫辞职的具体情形包括企业未及时足额支付劳动报酬、未依法缴纳社会保险费用、企业规章制度违反法律规定等。由于是被迫辞职，员工有权要求企业支付经济赔偿金，而本人也不存在任何违约责任，因此，企业需要加以重视并防范此类风险。

用人单位单方面解除合同是企业在法律规定的条件下，单方面解除劳动合同的行为。分为三种情形：过错性解除、非过错性解除和经济性裁员。①

过错性解除是指在劳动者有过错情形时，用人单位有权单方解除劳动合同的行为。过错行为包括在试用期被证明不符合录用条件的，严重违反企业规章制度的，严重失职、营私舞弊等给企业造成重大损害的，同时，与其他企业建立劳动关系的，被依法追究刑事责任等等。

而非过错性解除是指劳动者本人无过错，但由于主、客观原因致使劳动合同无法继续履行，企业在法律规定的情形下单方面解除劳动合同的行为，包括员工无法胜任工作、患病或非因工负伤后不能从事原工作、劳动合同订立时依据的客观情况发生重大变化致使原劳动合同无法履行而未能达成新的劳动合同内容变更等，具体情况可参照《劳动合同法实施条例》第19条列举出的14种情形，除法定的这些情形外，企业均不能以任何其他理由提出单方面解除劳动合同。

除此之外，企业在单方面解除劳动合同的程序上有严格的要求。企业应当提前30日以书面形式通知员工本人，或者额外支付员工一个月工资后，才能解除劳动合同；同时，企业还应当按相关规定支付员工经济补偿金。

第三种情形是经济性裁员，也是比较重要的情况。相对前两种情形而言，经济性裁员具有它的特殊性。它是指企业在生产经营状况发生严重困难，需要

---

① 参考《劳动合同法》第39、40、41条有关"用人单位方面解除劳动合同"的相关规定。

一次性辞退部分员工以缓解运行压力，保护自身在市场竞争中的生存能力而采取的解除部分劳动合同的行为①，具体情形有企业进行重整、生产经营发生严重困难、转产、重大技术革新或经营方式调整等（可参照《劳动合同法》第41条）。

经济性裁员也存在着不小的风险，必须按法定条件和程序进行。2016年，国家对经济任务做出指示，实施去产能、去库存、去杠杆、降成本、补短板的经济政策。鉴于此，H钢铁公司开始了大幅裁员，向企业职工发出了《企业现状及实施经济性裁员说明书》，告知了裁员的意向和理由，但是，大多数职工并不同意裁员。一个月后，公司举行会议向工会沟通说明，发送了《企业现状及实施经济性裁员说明书》，并向市人社局报告了《裁员报告及实施方案》。两天后，H钢铁公司出具了《裁员实施方案公告》和《裁减人员名单公告》，共涉及员工300多名，并向这300多名员工发出《通知书》，告知于2016年4月27日至30日到公司办理解除劳动合同手续，薪资统一结算至2016年4月30日。

在裁员两个月后，其中几名被裁员工以公司违法解除劳动合同为由申请仲裁，要求H钢铁公司支付违法解除劳动合同经济赔偿金、违约金和提前裁员经济补偿金，但被仲裁委员会拒绝，后又起诉至法院。经审理，法院认为H钢铁公司裁减人员的程序并无不当，实施经济性裁员并不违法，依照《劳动合同法》第41、46、48条以及《民事诉讼法》第64条的规定②，判决驳回几名员工的诉讼请求。

H钢铁公司在处理经济性裁员的环节上，做到了严格按照法律要求的程序进行，所以，才能良好地规避后续的法律风险，是值得学习的榜样。

在我们的实际管理中，公司可能会因为某些客观因素面临重大调整，比如说国家宏观政策调整导致公司必须压缩产能，从而减少工作岗位，裁员也就不可避免。但只要像H钢铁公司这样，严格按照法律程序进行，就能"以不变应万变"。经济性裁员的基本程序大致如下③：（1）提前30日向工会或者全体员工说明情况，并提供有关生产经营状况的资料；（2）提出裁减人员方案，内容包括被裁减人员、裁减时间、实施步骤以及经济补偿办法；（3）将裁减人员方案

---

① 需要裁减人员20人以上或者裁减不足20人但占企业职工总数10%以上的，用人单位提前30日向工会或者全体职工说明情况，听取工会或者职工的意见后，裁减人员方案经向劳动行政部门报告，可以裁减人员。
② 该规定主要关于证明责任和职权探知内容，人民法院应当按法定程序，全面地、客观地审查核实证据。
③ 参考《劳动合同法》第41条关于"经济性裁员流程"的相关内容。

征求工会或者全体员工的意见，进行修改和完善；（4）向当地劳动保障行政部门报告方案，并听取意见；（5）由企业正式公布方案，与被裁减人员办理解除劳动合同手续，支付经济补偿金，出具裁减人员证明书。

当然，还有其他的注意事项需要重视，比如，裁减人员时优先留用家庭困难者，对被裁减人员提供就业帮助，帮助失业人员申领失业救济金等。实施经济性裁员，并不能"一裁了之"，善后工作要及时跟进，这样才能有助于构建企业内部和社会外部和谐的劳动关系。

9.4 如何处理劳动争议

在企业运营的过程中规避风险、预防劳动争议的产生固然重要，学会处理劳动争议同样重要。如果劳动争议已经不可避免地产生了，那就应该妥善处理争议，尽可能降低企业经营成本，促进企业规章制度的规范。

劳动争议是每个企业和每位员工都不愿意面对的，但又是很多情况下不得不面对的。在企业的实际运营中，出于客观或者主观的原因，经常会出现企业或员工的权益被不同程度损害的情况，为了维护自身的利益，双方会就这一问题产生分歧，这时，劳动争议便产生了。其实，作为管理者，对待劳动争议这块影响企业发展的"绊脚石"，我们应该理性看待，掌握一定的管理方式，方能从容处理。

劳动争议是劳动关系双方当事人（用人单位和劳动者）之间因劳动权利和劳动义务的认定与实现所发生的纠纷，其实质表现为利益矛盾、利益冲突。

深圳有一家员工几百人的玩具厂。很长时间以来，该厂每天中午、下午下班或者晚上加完班后都要对全厂工人进行搜身。厂里的一位工人说，工厂每天下班的时候，都会出现排着长队接受搜身的景象。为了便于搜查女工，工厂还专门招聘了两名女性保安。

玩具厂为什么会采取这种措施呢？按照玩具厂管理者的说法，厂里这样做的目的是防止东西丢失。时间一长，工人们纷纷发出抗议之声，为此，还发生几起工人与保安发生冲突的暴力事件，大家甚至开始有了罢工的念头。后来，这种做法被广大媒体披露，深圳市劳动部门向该厂发出通知，责令其立即整改。

这家玩具厂将员工的人身权利完全置之不顾，而将自身的利益放在第一位，员工对于他们来说只是生产工具，如此不平等的劳动关系最终带来一系列的劳动争议也是必然。每位管理者都应明白，人是生产力中最重要的因素，劳动关系是生产关系的重要组成部分。劳动关系是否融洽，直接关系到人力资源潜力的发挥。

然而，我们经常看到有些企业公然侵犯员工的人身权利、休息与休假的权利等，有的甚至连遵守法律都做不到，更何谈关注员工的需求、提高广大员工的劳动积极性。特别是一些中小企业，认为自己规模小、员工数量不多，政府有关职能部门不一定能够监管到自己，便肆意侵犯员工的基本权益。克扣员工工资、不为员工购买任何保险甚至对员工进行人身伤害……这些问题屡屡发生在很多中小企业之中。

因此，如何正确认识和维护劳动关系，是当前我国许多中小企业需要着力解决的重大问题。解决劳动争议要遵循三大原则：合法，公正，及时处理和着重调解。在这三个原则中，最重要的一个原则就是调解和及时处理的原则。最关键的就是及时，一定要赶紧去解决争议，否则劳动争议会随着时间的推移，成为越加严重和难办的大问题。争议产生之时，就必须及时进行初步的调解处理，之后再去考虑是否平等、依法处理等事情。

中小企业的劳动争议近些年来不断出现在大众视线之中，比如，每逢春节经常会有拖欠农民工工资的新闻爆出，每逢安全事故追责总会出现"临时工"的问题……这些事件造成了极其恶劣的社会影响，舆论反响强烈。当发生劳动争议后，无论是企业还是员工，都应按照国家相关法律法规去处理和解决。根据我国劳动立法的有关规定，当发生劳动争议时，争议双方应协商解决；当事人不愿协商、协商不成或者达成和解协议后不履行的，可以向调解组织申请调解；不愿调解、调解不成或者达成调解协议后不履行的，可以向劳动争议仲裁委员会申请仲裁；对仲裁判决不服的，除法律规定的终局裁决外，当事人一方或双方则可申诉到人民法院，由人民法院依法审理并作出最终判决。[①]

总的来说，解决劳动争议的程序可以分"四步走"：协商，调解，仲裁，诉讼（见表9-3所示）。

---

① 可参考《劳动法》第10章关于"劳动争议的处理流程"的相关内容。

表9-3 劳动争议处理方法

劳动争议处理方法	含义	实施者
协商	根据双方的合议或团体协议，互相磋商，和平解决纷争	争议双方
调解	第三者或者中间人介入争议处理过程，并提出建议，促使双方参考	调解委员会
仲裁	仲裁机构对争议事项做出裁决决定	仲裁机构
诉讼	法院依照司法程序对劳动争议进行审理并做出判决的诉讼活动，是处理劳动争议的最终程序	法院

小李于2016年9月到一家汽车制造公司工作，成为该企业生产流水线上的一名员工。入职前，公司对他进行了安全培训，考试合格后，小李正式上岗。但在岗期间，公司并未按照国家规定为小李缴纳社会保险。2017年3月，小李因为操作不当导致左手被切伤。在医院治疗期间，公司为小李支付了全部医药费，并在未进行工伤认定和伤残等级鉴定的情况下与小李签订经济补偿协议，一次性补偿小李8000元，其他责任双方互不追究。小李和公司主管负责人共同在协议上签字，并领取了这笔赔偿费用。

双方都签字了，赔偿也赔了，是不是问题就这样解决了呢？我们接着看吧。

两个月之后，小李在和同事交流中得知，员工发生工伤事故后可申请工伤鉴定。于是，小李向当地劳动保障部门提请工伤认定和劳动能力鉴定。劳动保障部门鉴定结果确定小李为九级伤残。小李持鉴定结果多次到公司要求落实工伤待遇，但遭到拒绝。公司方面认为：第一，小李是因操作不当而导致的伤残，公司不承担任何责任。由于考虑到小李家境困难，才给予小李8000元的经济补偿，公司已经做到仁至义尽。第二，公司已与小李在双方自愿的情况下签订了经济补偿协议，协议中明确规定双方互不追究责任，公司义务已履行完毕。

事情发展到这里，劳动争议就已经产生了。在协商未果的情况下，企业劳动争议调解委员会参与其中进行调解。由职工代表、企业行政代表和企业工会代表组成的调解委员会，经过耐心调解，仍无法就这一问题让小李和公司达成一致。于是，小李向当地劳动争议仲裁委员会申请仲裁，要求公司向其支付工伤保险待遇、停工留薪期工资、住院伙食费等。仲裁委员会经过仲裁审理，认为小李经劳动保障部门认定为工伤，应当享受有关工伤待遇。用人单位虽然与小李签订了经济补偿协议，但该协议是在工伤鉴定前签订的，缺乏客观事实依据，且赔偿标准明显低于《工伤保险条例》规定的赔偿标准，协议内容有失公平，用人单位应按照《工伤保险条例》的规定向小李支付工伤保险待遇。

在收到仲裁裁决后，该公司终于按照要求给予小李应有的工伤保险待遇。劳动争议就此得到了解决。在这里，我们暂且不论该劳动争议的处理流程，先来看看该事件的内容本身，作为公司的管理者，为什么会遇到这样的问题呢？

首先，公司没有按规定为小李缴纳社会保险。按照劳动法的相关规定，所有企业必须在规定时间内，按规定标准为员工缴纳社会保险。其次，公司对工伤范围界定不准确。无论工伤事故的责任在于用人单位还是职工个人或第三者，用人单位都必须承担保险责任。再次，公司没有及时对小李进行工伤鉴定，而是签订一次性经济补偿协议，为劳动争议的发生埋下了隐患。最后，没有按照规定的标准对小李进行补偿。

就劳动争议处理的过程而言，我们可以从这次事件中看出，小李和公司之间的劳动争议经历了协商、调解和仲裁3个环节。当然，如果双方不服劳动争议仲裁委员会的裁决，还可以依法向人民法院进行上诉。诉讼处理是劳动争议处理的最后一道程序。最终生效的判决标志着这一劳动争议案件诉讼程序的终结，即劳动争议的最终解决。

总之，对待劳动争议，我们要理性看待。用合情的管理方式去预防，用合理的处理方式去解决。

参考文献

[1] 马克思. 资本论（节选本）[M]. 北京：人民出版社，1998.

[2] 马克思. 1844年经济学哲学手稿[M]. 中共中央马克思恩格斯列宁斯大林著作编译局，译. 北京：人民出版社，2000.

[3] 巴德. 劳动关系：寻求平衡[M]. 3版. 于桂兰，于米，于楠，等译. 北京：机械工业出版社，2013.

[4] 德斯勒. 人力资源管理[M]. 14版. 刘昕，译. 北京：中国人民大学出版社，2017.

[5] 程延园. 劳动关系[M]. 4版. 北京：中国人民大学出版社，2016.

[6] 陈全明，张广科. 人力资源管理概论[M]. 北京：清华大学出版社，2015.

[7] 马海刚，彭剑锋. HR+三支柱：人力资源管理转型升级与实践创新. [M]. 北京：中国人民大学出版社，2017.

[8] 张广科，陈芳，张行. 组织与人力资源管理[M]. 北京：高等教育出版社，2018.

[9] 胡燕林. 中小企业劳动用工七大风险防范[M]. 北京：中国法制出版社，2009.

[10] 程向阳，王明姬，冯筱珩. 人力资源操作与风险规范[M]. 北京：北京大学出版社，2009.

[11] 中华人民共和国劳动法 中华人民共和国劳动合同法[M]. 北京：法律出版社，2019.

[12] 中华人民共和国就业促进法（2015年最新修订）[M]. 北京：法律出版社，2015.

[13] 中华人民共和国劳动争议调解仲裁法注释本[M]. 北京：法律出版社，2008.

[14] 中华人民共和国社会保险法[M]. 北京：法律出版社，2019.

[15] 中华人民共和国劳动和社会保障法规全书[M]. 北京：法律出版社，2019.